AVIS. — Nulle traduction de cet ouvrage ne pourra être faite sans l'autorisation expresse et par écrit de l'auteur, qui se réserve en outre tous les droits stipulés dans les conventions intervenues ou à intervenir entre la France et les pays étrangers en matière de propriété littéraire.

MARCO SPADA

OPÉRA-COMIQUE EN TROIS ACTES

Paroles de M. Eugène SCRIBE,

MUSIQUE DE M. AUBER,

Représenté, pour la première fois, à Paris, sur le théâtre de l'OPÉRA-COMIQUE, le 21 Décembre 1852.

PERSONNAGES.	ACTEURS.
LE PRINCE OSORIO, gouverneur de Rome............	MM. CARVALHO.
FEDERICI, son neveu...............................	BOULO.
LA MARCHESA SAMPIÉTRI, sa nièce.................	Mlle FAVEL.
LE COMTE PEPINELLI, son sigisbé, capitaine de dragons.	MM. COUDERC.
LE BARON DE TORRIDA.............................	BATAILLE.
ANGELA, sa fille..................................	Mlle CAROLINE DUPREZ.
GIACOMO, bandit romain...........................	MM. NATHAN.
GIANETTI, bandit romain...........................	LEJEUNE.
FRA-BARTOLOMEO, franciscain......................	BUSSINE.
CHŒUR DE SEIGNEURS, DE DAMES...................	
CHŒUR DE BANDITS................................	

La scène se passe, au premier acte, dans la campagne de Rome. — Un château situé au milieu d'un bois près d'Albano.

A MM. LES DIRECTEURS. — La mise en scène exacte de cet ouvrage, rédigée avec un soin minutieux, est publiée par M. L. PALIANTI.

ACTE PREMIER.

Un salon très-élégant : trois portes au fond, deux portes latérales ; une croisée à droite avec balcon, l'appartement est orné de fleurs. Sur une table, à droite, des livres et des papiers de musique. Sur une table, à gauche, un candélabre chargé de bougies.

SCÈNE PREMIÈRE.

LE GOUVERNEUR, LA MARCHESA, *entrant par la porte du fond, d'un air étonné. Tous deux sont en habit de chasse.*

LE GOUVERNEUR, *regardant autour de lui.* Nous pouvions tomber plus mal, ma chère nièce, et pour des chasseurs égarés la nuit au milieu d'une forêt, l'hôtellerie me semble agréable.

LA MARCHESA. Une hôtellerie ! on dirait plutôt d'une villa, d'un palais... à l'intérieur...

LE GOUVERNEUR. Et d'une forteresse, au dehors...

LA MARCHESA. Oui, cela m'effrayait d'abord et je me rassure... partout des fleurs, des bougies... mais depuis le grand escalier en marbre noir jusqu'à cet élégant salon, personne pour nous recevoir !

LE GOUVERNEUR. C'est là le singulier !

LA MARCHESA. On dirait d'un conte de fées... heureusement, voici notre compagnon de voyage, le capitaine Pepinelli, mon cavalier servant, qui par état doit tout savoir... eh bien ?..

LE GOUVERNEUR. Eh bien... capitaine ?..

SCÈNE II.

LES PRÉCÉDENTS, PEPINELLI.

PEPINELLI. Eh bien ! je viens de mettre nos trois chevaux à couvert ; des cours superbes, des écuries de prince... mais pas un palefrenier, pas un domestique vivant.

LA MARCHESA. Celui qui nous a ouvert la grande porte s'est-il évanoui ?

PEPINELLI. Non, sans doute, Marchesa ! mais j'ai eu beau lui annoncer le gouverneur de Rome et la marquise, sa nièce, et moi, Pepinelli, capitaine de dragons, pas un geste, pas une réponse ! d'où j'ai conclu que le portier, le majordome de ce château magique, était sourd et muet.

LA MARCHESA. Le seul à qui l'on puisse parler!
LE GOUVERNEUR. C'est jouer de malheur!
PEPINELLI. N'est-ce pas? mais quand une fois la fatalité vous poursuit...
LA MARCHESA. Aussi aujourd'hui je vous hais à la mort... c'est vous qui êtes cause de tous nos désastres!
PEPINELLI. Que voulez-vous, Marchesa, quand la tête n'y est plus... votre oncle m'a appris ce matin, au milieu de la chasse, le retour de son neveu Federici, votre cousin! depuis dix ans qu'il est en France, pourquoi revient-il à Rome? à quoi bon?
LE GOUVERNEUR. Ne vous l'ai-je pas dit?
PEPINELLI, *avec impatience.* Que trop! pour réunir les deux branches de votre famille, et marier deux personnes qui ne se connaissent pas, qui ne s'aiment pas!.. tandis que moi, cavalier servant de la marquise, son adorateur depuis trois ans et plus, car j'ai commencé du vivant de son premier mari, ce pauvre marquis de Sampiétri, ce n'était pas la peine qu'il mourût, autant le garder... j'y étais fait, tandis que l'autre... tenez, Marchesa, si vous l'épousez, j'en perdrai la raison.
LA MARCHESA. Cela commence déjà.... nous égarer, mon oncle et moi, en pleine chasse!
LE GOUVERNEUR. Par une pluie battante!..
LA MARCHESA. Nous faire entrer dans une horrible auberge!..
PEPINELLI. Où vous étiez à l'abri!.. et où vous n'avez pas voulu rester...
LA MARCHESA. Non sans motifs!.. des figures sombres et sinistres... au milieu de la forêt... et la nuit qui approchait...
LE GOUVERNEUR, *souriant.* Tu te croyais déjà en pleine histoire de brigands...
LA MARCHESA, *avec effroi.* Taisez-vous? taisez-vous? la seule idée d'un brigand... le nom seul de Marco Spada, le bandit, me donnent, vous le savez, des attaques de nerfs...
LE GOUVERNEUR. Petite maîtresse!..
PEPINELLI. Rassurez-vous!.. j'ai mon flacon de sel anglais... il est de fait que les États romains sont le pays natal... la terre classique des bandits... il y en a tant!
LE GOUVERNEUR, *d'un ton sévère.* Il n'y en a plus depuis que je suis gouverneur de Rome... autant de pris, autant de fusillés... cela n'ira pas loin!
PEPINELLI. Écoutez?.. j'ai cru entendre marcher...
LE GOUVERNEUR, *entr'ouvrant une portière à gauche.* De ce côté?.. non, personne!.. un salon de concert, d'une richesse et d'un goût exquis... des instruments de musique... nous sommes chez quelque grand seigneur dilettante...
LA MARCHESA, *soulevant une autre portière et regardant avec admiration.* Et dans cette galerie, quelle serre magnifique!.. les fleurs les plus prodigieuses et les plus rares... (*Regardant sur une table, à droite.*) Et sur cette table des partitions... des airs... ce duo que je chantais l'autre jour... vous savez, mon oncle, *une déclaration d'amour, en quatre langues différentes.*
PEPINELLI, *regardant par une porte à gauche.* Attendez... un vestibule sur lequel donnent plusieurs portes... si j'allais à la découverte.
LA MARCHESA. Allez-y.
PEPINELLI, *prenant le candélabre, sur la table à gauche.* C'est que je vais être obligé de vous laisser un instant sans lumière.
LE GOUVERNEUR. Qu'importe. (*Pepinelli s'éloigne par la porte à gauche, emportant le candélabre le théâtre reste dans l'obscurité.*)
LA MARCHESA, *près de la boiserie, à droite.* Ah! mon Dieu!..
LE GOUVERNEUR. N'as-tu pas déjà peur de te trouver seule dans l'obscurité avec moi?
LA MARCHESA, *montrant la boiserie, à droite.* Non, mais en m'appuyant contre ce panneau, j'ai senti comme un bouton de sonnette.
LE GOUVERNEUR. Il fallait donc le tirer.
LA MARCHESA. Ah!.. bien oui!
LE GOUVERNEUR. Poltronne!.. je vais sonner.
LA MARCHESA. Gardez-vous-en bien, si l'on allait venir.
LE GOUVERNEUR. N'est-ce pas pour cela que je sonne! (*Il tire le bouton avec force, le panneau s'ouvre, une jeune fille s'en élance vivement, s'avance vers le gouverneur, qu'elle rencontre dans l'obscurité.*)

SCÈNE III.

LE GOUVERNEUR, ANGELA, *sortant de la droite,*
LA MARCHESA, *à gauche, un peu au fond.*

QUATUOR.

ANGELA.

Ah! c'est bien le signal... enfin, don, c'est bien vous!
(*A part.*)
Il se tait!.. il est en courroux!
Je m'en doutais!..

PREMIER COUPLET.

(*D'un air caressant.*)
Eh mais... eh mais, quel air sévère?
Et pourtant ma lettre sincère
De tout vous a bien informé!
Et si j'ai quelques torts, peut-être,
Pardonnez-les-moi, mon doux maître,
Ne grondez pas, mon seigneur bien-aimé!

LE GOUVERNEUR, *à part.* Je ne sais plus à présent comment la détromper.

ANGELA, *redoublant de caresses.*

DEUXIÈME COUPLET.

Puisque la paix est revenue,
Pourquoi dérober à ma vue
Ces traits dont mon cœur est charmé?
Pardonnez donc de bonne grâce!

ACTE I, SCÈNE III.

Et permettez qu'on vous embrasse!..
Mon doux seigneur, mon père bien-aimé!

LE GOUVERNEUR ET LA MARCHESA, *s'avançant*.
Son père!.. (*En ce moment Pepinelli paraît à la porte à gauche, portant le candélabre qui éclaire le théâtre.*)

ENSEMBLE.

LE GOUVERNEUR, PEPINELLI, LA MARCHESA.

O surprise étrange!
Que vois-je et qu'entends-je?
Oui, voilà d'un ange
La voix et les yeux!..
(*Entre eux, à demi-voix.*)
Car, au lieu d'un père,
Fille moins sévère
Attend d'ordinaire
Un jeune amoureux!

ANGELA, *reculant effrayée*.
A moi, mon bon ange!
Que vois-je et qu'entends-je?
Quelle audace étrange
Les guide en ces lieux?
Et quel téméraire,
Bravant ma colère,
Au lieu de mon père,
Paraît à mes yeux?

ANGELA, *au gouverneur*.
D'où venez-vous?

LE GOUVERNEUR.
La nuit, égarés dans ces bois,
De l'hospitalité, nous réclamons les lois!

ANGELA.
Mon père absent défend que cette porte
S'ouvre à personne!

LA MARCHESA, *effrayée*.
Ah! grands dieux!

ANGELA, *souriant*.
Il n'importe!..
Je désobéirai!..
(*Regardant la Marchesa.*)
Loin d'être mécontent,
Il m'en remercîra, je pense, en vous voyant!

CANON.
Dans ce séjour tranquille,
A l'abri des dangers,
Acceptez un asile,
O nobles étrangers!
Ainsi que moi, mon père
Vous offrirait ici
Et son toit tutélaire
Et la main d'un ami!

LE GOUVERNEUR, PEPINELLI, LA MARCHESA.
Dans ce séjour tranquille,
A l'abri du danger,
Acceptons cet asile
Qui doit nous protéger!
En l'absence d'un père,
Nous vous offrons ici
Les vœux d'un cœur sincère
Et la main d'un ami!

ANGELA, *leur faisant signe de s'asseoir*. Expliquez-moi seulement comment, dans ce château... qu'il est presque impossible de trouver le jour, vous avez pu arriver la nuit...

PEPINELLI. Malgré nous et sans le vouloir!.. voici le fait : le mauvais temps nous avait fait entrer dans une auberge où d'autres voyageurs avaient aussi cherché un refuge... et au bout de quelques heures d'impatience, je descendis pour seller moi-même le cheval de la signora... une haquenée blanche charmante ; nous voulions retourner à Rome...

LA MARCHESA. Ma monture ne le voulut pas et prit le chemin d'Albano, je m'aperçus alors que ce cheval n'était pas le mien...

PEPINELLI. Je m'étais trompé... (*Regardant la Marchesa.*) Toujours par suite d'une préoccupation... (*S'adressant à Angela.*) Inutile à vous raconter... c'était du reste un coursier également blanc, cheval arabe... pur sang...

ANGELA, *étonnée*. Ah! mon Dieu!..

PEPINELLI. D'une fougue,... d'une impétuosité... d'une rapidité si grande, que nous pouvions à peine et de très-loin suivre les traces de la signora... emportée à travers des précipices, des labyrinthes, des chemins..... inextricables au premier abord, et qui cependant semblaient s'aplanir d'eux-mêmes ; que vous dirai-je? trois ou quatre lieues en une demi-heure... sans parler de la frayeur et de l'inquiétude... qui comptent double... et tout à coup nous nous trouvons, à la sortie d'un fourré épais... vis-à-vis la porte massive d'un château-fort... le cheval s'arrête... piaffe... hennit d'un air d'autorité... le pont-levis s'abaisse... notre conducteur s'élance... nous le suivons... et nous voilà!..

ANGELA, *souriant*. Le cheval était chez lui... c'était le mien, Messieurs, que j'avais prêté à mon père...

LA MARCHESA. Est-il possible!..

ANGELA. Cela me prouve que le maître de ce château, le baron de Torrida, que j'attendais ce soir de voyage... ne peut tarder à arriver... et ramènera probablement à la signora sa blanche haquenée...

LA MARCHESA. Voilà le mystère... un échange!

LE GOUVERNEUR. Dont il me tarde de faire mes excuses au baron de Torrida... une seule chose m'étonne... c'est de n'avoir pas encore vu à Rome ni M. le baron, ni son aimable fille...

ANGELA. Mon père va peu dans le monde... et moi, jamais!

LE GOUVERNEUR. Est-il possible!.. toujours seule..

ANGELA. Seule... avec des livres... de la musique... et un père, dont l'ingénieuse tendresse devinant tous mes vœux... ne m'a jamais laissé un désir à former.

LA MARCHESA. Vous ne désirez donc pas voir un bal... une fête...

ANGELA. Je n'y ai jamais pensé.

LA MARCHESA. Nous autres, ne pensons qu'à cela... mon oncle donne mardi prochain un bal... pour l'arrivée de son neveu, le prince Federici.

LE GOUVERNEUR. J'espère que la signora daignera faire une exception en notre faveur... et quitter ce soir-là sa solitude.

LA MARCHESA. Oui... oui... vous viendrez...

ANGELA. Si mon père le veut...

LA MARCHESA, *vivement*. Puisqu'il ne vous refuse rien ! aussi, dès qu'il sera là, je lui ferai moi-même notre invitation.

ANGELA. Et si, avant qu'il n'arrive, vous vouliez un instant vous reposer et accepter quelques rafraîchissements. (*Sonnant et s'adressant à un domestique en livrée, qui paraît.*) Conduisez la signora et ces messieurs dans leurs appartements. (*Le domestique se tient sur le seuil de la porte du fond.*)

PEPINELLI, *à la marquise*. Si la signora me permet de lui offrir la main...

LA MARCHESA. Volontiers. (*Ils vont pour sortir, on entend sous la fenêtre, à droite, le prélude d'une guitare.*)

ANGELA, *à part*. Ah ! mon Dieu !

LA MARCHESA. Une guitare...

PEPINELLI. De la musique dans cette forêt...

LE GOUVERNEUR. Qu'est-ce que cela signifie?..

ANGELA. Je ne sais... je le jure ! (*On entend en dehors un coup de feu, la guitare se tait.*)

LA MARCHESA, *effrayée*. Ah ! mon Dieu, ce bruit...

PEPINELLI, *de même*. Un coup de feu !

LE GOUVERNEUR. Ce n'est pas rare dans la forêt...

ANGELA. Ne fussent que les braconniers !

LA MARCHESA. Et vous n'avez pas peur la nuit... au milieu de ces grands bois?

ANGELA. Jamais !

LA MARCHESA. Vous n'avez pas peur des brigands... ni de Marco, le bandit?

ANGELA. Non, vraiment ! (*Regardant du côté de la fenêtre.*) Ces murailles sont assez élevées... je l'espère, pour qu'on n'ose pas les franchir... que cela ne vous inquiète pas, signora... entrez vous reposer ! (*Le gouverneur, la Marchesa, Pepinelli, sortent par la porte à gauche.*)

SCÈNE IV.

ANGELA, *écoutant la guitare*. C'est lui... lui encore !.. quelle imprudence... et comme le disait la signora... si des brigands... blessé... tué peut-être ! (*Avec joie.*) Non, non, j'entends de nouveau la guitare !

FEDERICI, *en dehors*.

PREMIER COUPLET.

(*Avec accompagnement de guitarre.*)

Dans ces forêts sauvages,
Sur ces rochers maudits,
Je brave les orages
Et le fer des bandits !
O toi, que rien ne touche,
Je donnerais les cieux !
Pour un mot de ta bouche,
Un regard de tes yeux !

DEUXIÈME COUPLET.

A mon retour, peut-être,
Doit m'attendre la mort,
Mais daigne m'apparaître,
Et je bénis mon sort !
O toi, que rien ne touche,
Je donnerais les cieux
Pour un mot de ta bouche,
Un regard de tes yeux !

ANGELA, *s'éloignant de la croisée à droite*.

Non... non... je ne dois pas l'entendre,
Et comment pourtant s'en défendre ?..
Il donnerait sa part des cieux,
Pour un seul regard de mes yeux...
Puis-je le refuser ?..

(*Elle va ouvrir la fenêtre à droite, Federici paraît; elle pousse un cri.*)

Grands dieux !

(*L'orchestre cesse.*)

ANGELA. Vous, Monsieur... une telle audace !..

FEDERICI. Votre balcon où je venais de m'élancer, m'a préservé du coup de feu dirigé contre moi...

ANGELA, *avec frayeur et courant à lui*. Blessé !

FEDERICI. Non, par malheur ! car si je l'étais, il me serait permis, peut-être, de rester en ce château...

ANGELA. Jamais en l'absence de mon père !.. mais je lui ai écrit, Monsieur, comment un jeune étranger, un inconnu, m'avait secourue au milieu de l'orage et comment, depuis ce temps... il passait tous les jours sous mes fenêtres, du côté de la forêt...

FEDERICI. Quoi ! vous lui aviez raconté...

ANGELA. Et vos regards... et les airs que vous chantiez... et les paroles aussi... je dis tout à mon père, Monsieur, c'est lui le plus tendre, le plus dévoué... c'est moi qui suis le but, le rêve, l'occupation de sa vie entière... il n'y a pas de sacrifice dont il ne soit capable, pour m'épargner un chagrin...

FEDERICI. Et s'il s'irrite de notre rencontre, s'il vous défend de me voir...

ANGELA. J'obéirai, Monsieur...

FEDERICI. Ah ! je devrais vous imiter ! car, à moi aussi, on m'avait ordonné de quitter la France où j'ai été élevé. Des amis, des parents m'attendent à Rome... et depuis dix jours, caché dans cette forêt... dans la cabane d'un bûcheron... je passe ma journée à épier les instants de vous voir, mais demain... il faut partir...

ANGELA. Demain !

FEDERICI. Voilà pourquoi... à tout prix et même au risque de mes jours... je voulais ce soir vous parler... par qui me faire présenter à votre père... quand il sera de retour...

ANGELA. Je l'attends... ce soir même!..

FEDERICI. Ah! si j'osais... mais décemment ma première visite ne peut avoir lieu ainsi; je ne puis entrer chez lui par la fenêtre!... Attendez... il y a mardi prochain... une fête magnifique... qui réunit l'élite de la noblesse romaine...

ANGELA. Celle peut-être à laquelle on m'invitait tout à l'heure.

FEDERICI, *vivement*. Vous êtes invitée! Ah! venez-y, de grâce! (*On entend au dehors plusieurs sons de cor.*)

ANGELA, *prêtant l'oreille*. Écoutez!..

FEDERICI. Me le promettez-vous?

ANGELA. Écoutez donc!.. C'est mon père qui revient... (*Elle fait quelque pas pour sortir.*)

FEDERICI, *la retenant*. Un mot encore!

ANGELA, *avec impatience*. Je ne serai pas là pour l'embrasser...

FEDERICI. Ainsi vous oubliez tout pour lui! ainsi vous m'ordonnez de partir?..

ANGELA. Non, mais je vous en prie!

FEDERICI. A condition que vous viendrez à ce bal...

ANGELA. Ne vous l'ai-je pas promis?

FEDERICI. A condition que je pourrai vous aimer... et vous le dire...

ANGELA. Je ne le puis sans permission... laissez-moi...

FEDERICI. Moi! vous laisser...

ANGELA. Pour la demander à mon père...

FEDERICI, *poussant un cri*. Ah!.. je suis trop heureux... je pars...

ANGELA. Et les dangers de la forêt... et ce balcon?..

FEDERICI. Grâce à l'obscurité, je m'éloignerai sans vous compromettre... ne craignez rien...

ANGELA. Eh! Monsieur... est-ce pour moi que je crains?..

FEDERICI, *tombant à ses genoux et lui baisant la main*. Angela!..

ANGELA. Ah! que je suis fâchée d'avoir dit ce mot-là... voyez-vous ce que c'est que la frayeur... Adieu... adieu... (*Federici disparaît par la fenêtre à droite. La porte du fond s'ouvre, paraît le baron de Torrida.*)

SCÈNE V.
LE BARON, ANGELA.

(*Sur la ritournelle de l'air suivant, Angela se jette dans les bras de son père, qui l'embrasse plusieurs fois, puis s'arrête et la contemple avec émotion.*)

LE BARON.
AIR.

O mon enfant, ô ma fille chérie,
Mon bien suprême, mon trésor!
Point de malheurs que mon cœur ne défie,
Si ton amour me reste encor!

(*Regardant avec tendresse Angela qui le débarrasse de son manteau et de son chapeau.*)

Oui, c'est bien elle! c'est sa grâce,
Ces traits, qu'absent je rêve et je revoi.
Ah! de nouveau, que je l'embrasse,
Pour être sûr, ma fille, que c'est toi!
O mon enfant, ô ma fille chérie,
Mon bien suprême, mon trésor!
Point de malheurs que mon cœur ne défie,
Si ton amour me reste encor!

CAVATINE.

Fleur pure et jolie,
Charme de ma vie,
Près de toi, j'oublie
Un destin cruel!
Sous ton doux empire,
Mon âme respire,
Et ton gai sourire
Vient m'ouvrir le ciel!

(*Tirant de sa poche plusieurs objets.*)

De voyage, je te rapporte
(Car je pensais toujours à toi)
Des parures de toute sorte,
Des diamants dignes d'un roi!

(*Lui donnant un écrin qu'Angela ouvre et admire.*)

Sois belle et radieuse,
Pour l'orgueil de mes yeux,
Et surtout, sois heureuse...
Pour que je sois heureux!
Fleur fraîche et jolie,
Charme de ma vie,
Près de toi, j'oublie
Un destin cruel!
Sous ton doux empire,
Mon âme respire,
Et ton gai sourire
Vient m'ouvrir le ciel!

LE BARON, *avec bonté, regardant Angela qui vient de lui approcher un fauteuil et qui s'est assise à ses pieds sur un tabouret*. Eh bien! mon enfant... nous voilà chez nous, en tête-à-tête... et nous pouvons causer... causer de ce beau jeune homme...

ANGELA, *avec embarras*. O mon père!..

LE BARON. Écoute donc... s'il ne t'intéresse pas, il m'intéresse, moi!.. car il a protégé, sauvé mon enfant... (*L'interrogeant du regard.*) Et il est bien?.. il est aimable?..

ANGELA, *baissant les yeux*. Je ne puis trop vous dire... mon père...

LE BARON, *avec bonhomie*. Tu n'y as pas fait attention... c'est tout simple... mais lui... il t'a regardée... il te trouve belle... il a bien raison...

ANGELA. En vérité...

LE BARON. C'est un garçon de goût...

ANGELA. Et moi... qui craignais que vous ne fussiez fâché...

LE BARON. Fâché! de quoi?.. de ce qu'on t'aime...
il faut bien que je m'y habitue... et pourvu que
moi, ton père, tu m'aimes mieux .. que tous les
autres...

ANGELA, *vivement*. Oh! oui!

LE BARON. A la bonne heure... Eh bien, ma
fille, tu es jeune, tu es jolie, tu es riche... très-
riche... choisis pour mari... qui tu voudras... choisis bien...

ANGELA. Je m'en rapporterai à vous...

LE BARON. A moi!.. je serais peut-être trop difficile...

ANGELA. Vous voudriez un prince?..

LE BARON, *se levant*. Non... ni prince... ni grand
seigneur... (*vivement*.) et une autre condition à
laquelle je tiens, c'est que ton mari ne soit pas
de ce pays... qu'il ne soit pas italien.

ANGELA, *vivement*. Je crois qu'il vient de
France... qu'il y a été élevé...

LE BARON. Cela me convient! cela me plaît... et
maintenant... ce que je veux, c'est de voir mon
gendre...

ANGELA, *riant*. C'est très-aisé...

LE BARON. En vérité...

ANGELA, *de même*. Je vous dirai comment!..
avant tout, je dois vous prévenir... mon père...
et j'aurais dû commencer par là... mais vous avez
causé tout d'abord de tant d'autres choses.

LE BARON. Du jeune inconnu!

ANGELA. Vous croyez?

LE BARON. Nous n'avons parlé que de lui!

ANGELA. C'est étonnant!.. alors donc... j'ai
oublié de vous dire... que ce soir, en votre absence... j'avais donné, malgré vos ordres, l'hospitalité... à deux beaux messieurs et à une jeune
dame perdus dans cette forêt...

LE BARON. Tu as bien fait... comme toujours.

ANGELA. N'est-ce pas? La dame surtout et le
plus jeune de ces messieurs... avaient une
frayeur... ils ne rêvaient que brigands... est-ce
que jamais on en a vu dans ce canton?

LE BARON. Jamais!..

ANGELA. Ils parlaient aussi de Marco Spada!..
(*Naïvement*.) Spada!.. Qu'est-ce que c'est?

LE BARON. Un pauvre diable... qui depuis
quinze ans les fait trembler!.. proscrit, dont la
famille a été massacrée dans nos guerres civiles...
et que le désespoir a jeté parmi des gens qui,
comme lui, n'avaient rien à perdre... Mais ne
parlons pas de ce malheureux... que son nom...
mon enfant, et que les idées qu'il rappelle n'at-
tristent jamais tes belles années... (*Gaiement*.)
Dans quelques jours, je ferai encore un voyage.

ANGELA, *tristement*. Est-il possible!..

LE BARON, *gaiement*. Mais cette fois... ce ne
sera pas seul... je partirai avec ma fille et son
fiancé pour la France... où nous irons nous éta-
blir.

ANGELA. Bien vrai?

LE BARON, *souriant*. Très-vrai!.. Et d'ici là,
parle, commande... tout ce qui te plaira, tout ce
qui te conviendra, mon enfant, sera fait et exé-
cuté...

ANGELA, *avec joie*. Ah! s'il en est ainsi... j'ai
une grâce... à vous demander...

LE BARON, *s'asseyant à gauche*. Tant mieux!..

ANGELA. On donne, la semaine prochaine, à
Rome, une grande fête...

LE BARON. Au palais du gouverneur...

ANGELA. Vous croyez?..

LE BARON. J'en suis sûr!

ANGELA. Alors.. (*A part*.) Et comme il a dit:
Chez moi... c'est le gouverneur lui-même.

LE BARON, *toujours ass's*. Eh bien!.. achève
donc...

ANGELA. Eh bien!..

DUO.

ANGELA.
Daignez, mon père, oui, daignez me conduire
A ce bal magnifique!..

LE BARON, *effrayé et se levant*.
          A ce bal! que dis-tu?
Moi!

ANGELA.
Vous!

LE BARON.
Moi!..

ANGELA.
Vous!

LE BARON, *à part*.
          A peine je respire!
(*Haut*.)
Et quelle idée!.. un bal!

ANGELA, *naïvement*.
          Je n'en ai jamais vu!
De cette fête si brillante
D'avance mon cœur est ravi!
Chacun m'y trouvera charmante!
Et vous, mon père!.. et vous aussi!
(*D'un ton caressant*.)
Allons!.. allons... vous dites: Oui!
N'est-ce pas?.. vous êtes si bon!

LE BARON, *avec effort*.
Non! non! c'est impossible!

ANGELA, *stupéfaite*.
          Non!

ENSEMBLE.

ANGELA, *avec étonnement et douleur*.
Ah!.. quelque erreur m'abuse,
A peine si j'y crois!..
Mon père me refuse
Pour la première fois!

LE BARON.
Son pauvre cœur accuse
La rigueur de mes lois!
Hélas! je la refuse
Pour la première fois!

ACTE I, SCÈNE VI.

ANGELA, *se rapprochant du baron.*
Ma présence à ce bal est pourtant nécessaire !..
Il y sera !

LE BARON.
Qui donc ?..

ANGELA.
Ce jeune homme, mon père !
C'est là qu'il doit vous être présenté !
Je l'ai promis !

LE BARON, *vivement et avec intérêt.*
En vérité !

ANGELA.
Et dès qu'on fait une promesse,
Il faut la tenir à tout prix !

LE BARON, *avec douleur.*
Ah ! tu sais, pour toi, ma tendresse...
(*Avec effort et comme malgré lui.*)
Mais je ne puis, mon enfant, je ne puis !

ENSEMBLE.

ANGELA, *sanglotant.*
Ah ! quelle... douleur... m'oppresse,
Mes... efforts... sont... superflus !..
J'ai perdu... votre... tendresse,
Mon père... ne m'aime... plus !
Non... non... vous ne m'aimez plus !

LE BARON, *cherchant à la calmer.*
Combien ta douleur m'oppresse ;
Mais, hélas ! n'insiste plus !
(*A part.*)
Si j'écoutais ma tendresse,
Tous deux nous serions perdus !
(*Avec impatience.*)
Mais de ce maudit bal qui t'a donné l'envie ?

ANGELA.
Le gouverneur lui-même !..
(*Voyant l'étonnement du baron.*)
Oui, mon père, c'est lui,
Qui nous invite et nous prie...

LE BARON, *vivement.*
Le gouverneur de Rome !.. (*Avec colère.*) Il est ici !

ANGELA, *étonnée.*
N'allez-vous pas vous fâcher à présent,
Vous qui disiez : C'est bien... tout à l'heure !..

LE BARON, *avec joie.*
Oui, vraiment !

ENSEMBLE.

LE BARON.
J'accueille avec allégresse
Un bonheur qui m'était dû !
Et mon orgueil s'intéresse
A cet honneur imprévu !

ANGELA, *pleurant.*
Ah ! quelle douleur m'oppresse,
Tous mes soins... sont superflus !
J'ai perdu votre tendresse,
Mon père... ne m'aime... plus...
Non... non... vous ne m'aimez plus !

LE BARON *frappe sur un timbre, Geronio et plusieurs domestiques paraissent aux trois portes du fond.*
Le gouverneur de Rome ici nous rend visite !
Qu'il soit traité ce soir... ainsi qu'il le mérite !
(*Il parle bas à Geronio, qui fait un geste de joie, s'incline et sort.*)

LE BARON, *s'adressant à Angela.*
Rassure-toi, ma fille !.. et si ce bal a lieu,
Ensemble nous irons, je le jure !..

ANGELA, *sautant de joie.*
O mon Dieu !..

ENSEMBLE.

DERNIÈRE STRETTE DU DUO.

ANGELA.
O douce promesse,
Et plus doux espoir !
Fête enchanteresse
Où je dois le voir !
Le plaisir rayonne
Soudain à mes yeux,
Et je m'abandonne
A mon sort heureux !

LE BARON.
D'une telle ivresse
Laissons-lui l'espoir !
J'ai, dans ma tendresse,
Un autre devoir !
L'avenir rayonne
Brillant à mes yeux,
Et je m'abandonne
A mon sort heureux !

~~~~~~~~~~~~~~~~~~~~~~

SCÈNE VI.

LE GOUVERNEUR, ET LA MARCHESA, *sortant de la porte à gauche ;* ANGELA ET LE BARON.

ANGELA. Voici nos hôtes, mon père !

LA MARCHESA. Monseigneur le gouverneur de Rome.

LE GOUVERNEUR. Et la marquise de Sampietri, sa nièce.

LE BARON. J'étais loin de m'attendre à un pareil honneur !..

LA MARCHESA. Et nous à une telle surprise... c'est une habitation délicieuse... ravissante... un luxe... une recherche !.. Je vous amènerai, monsieur le baron, toutes les grandes dames et petites maîtresses de Rome pour prendre ici des leçons d'élégance et de bon goût.

LE GOUVERNEUR. Ta frayeur est donc calmée ?..

LA MARCHESA. Je n'ai jamais eu peur... c'est le capitaine Pepinelli, mon cavalier servant, que, par parenthèse, je viens d'envoyer, monsieur le baron, pour échanger contre votre terrible cheval ma paisible haquenée... c'est lui qui m'effrayait en voulant me rassurer.

ANGELA. Il me semble cependant, senora, que vous n'aviez rien à craindre entre un capitaine de dragons et monseigneur votre oncle.

LA MARCHESA. Raison de plus, disait-il. (*Riant.*) Le gouverneur de Rome est en délicatesse avec les bandits de la forêt... et s'il tombait entre leurs mains...

LE GOUVERNEUR, *souriant*. Ils ne me feraient pas de grâce, je m'y attends.. et ils auraient parbleu raison, car, pour ma part, je n'en épargnerais pas un seul... à commencer par leur chef... l'invisible Marco, que jamais on ne rencontre... mais que je trouverai cependant.

ANGELA, *souriant*. Vous lui en voulez beaucoup?..

LE GOUVERNEUR. Affaire d'amour-propre... Depuis plus de quinze ans il règne de fait dans les États-Romains ; levant les impôts, non sur les habitants de la campagne, mais sur les percepteurs du fisc, ne s'adressant jamais à la bourse des particuliers, mais à la caisse du gouvernement, ce qui le rend populaire.

LE BARON. En vérité!

LE GOUVERNEUR. Et moi, le jour où l'on m'a nommé gouverneur de Rome, j'ai juré... que Marco ne serait fusillé ou pendu que par moi.....

LE BARON, *riant*. Et si, de son côté... il avait fait le même serment!..

LE GOUVERNEUR, *élevant la voix*. Ce serait de bonne guerre..

LE BARON, *riant*. Ne criez pas cela trop haut, monsieur le gouverneur...

LE GOUVERNEUR. Peu m'importe?.. ni pitié, ni merci pour lui et les siens... la seule difficulté c'est de le connaître ! vingt fois on m'a annoncé qu'il était pris, et vingt fois j'en ai fait fusiller que l'on a su après... n'être pas lui.

LE BARON. Il aurait peut-être mieux valu s'informer avant...

LE GOUVERNEUR. Mais un de ces soirs nous espérons bien ne pas le manquer.

LE BARON, *avec bonhomie*. Et comment cela...

ANGELA. Dites-nous-le, de grâce?..

LA MARCHESA. Les histoires de brigands me donnent sur les nerfs, et ce sont les seules qui m'amusent.

LE GOUVERNEUR. Imaginez-vous, Mesdames et vous, mon cher hôte, que Marco, le bandit, qui est de bonne famille et qui n'est, dit-on, ni sans éducation, ni sans moyens, a entre autres, un amour des arts et un fanatisme pour la musique... tel...

LA MARCHESA. Un bandit amateur.

LE GOUVERNEUR. Qu'au dire de nos espions, il ne manque jamais une première représentation; vous comprenez alors...

LE BARON. Qu'au premier opéra nouveau!..

LA MARCHESA, *gaiement et passant près d'Angela*. Dès demain... je retiens ma loge et je vous y offre une place... ce sera charmant!

LE BARON. Oui, cela fera un coup de théâtre, un final magnifique!

LE BARON, *voyant des domestiques en livrée paraître à la porte du fond, galamment*. Voici le souper, Mesdames...

QUATUOR.

A l'abri des alarmes,
Loin du bruit des combats,
Goûtons en paix les charmes
De ce joyeux repas!

LE GOUVERNEUR.
Tous les chagrins... arrière!
Pour moi, rien n'est égal
A la mousse légère
Qui rit dans le cristal !

TOUS.
A l'abri des alarmes,
Loin du bruit des combats,
Goûtons en paix les charmes
De ce joyeux repas!

(*Le gouverneur offre sa main à Angela, le baron offre la sienne à la Marchesa, et tous les quatre vont sortir, lorsque Pepinelli, pâle et troublé, paraît à la porte du fond, qu'il referme sur lui, en entrant.*)

SCÈNE VII.

LES PRÉCÉDENTS, PEPINELLI.

LA MARCHESA, *levant les yeux sur lui*. Eh! mon Dieu, capitaine, quel air pâle...

ANGELA. Quelle physionomie renversée !

LE GOUVERNEUR. Qu'y a-t-il donc?

PEPINELLI. Il y a... que nous sommes tous perdus.

LE GOUVERNEUR, *riant*. Allons donc !..

LE BARON, *de même*. Allons donc !..

PEPINELLI. A commencer par vous, baron de Torrida... dont le château va être incendié et pillé... car il est en ce moment rempli de bandits!

LA MARCHESA ET ANGELA. Jésus Maria!..

LE GOUVERNEUR. Rassurez-vous, Mesdames, ce n'est pas possible !

PEPINELLI, *tremblant*. Je les ai vus... et entendus!.. je traversais la cour du château... malgré un brouillard... assez épais, pour obéir aux ordres de la signora... relatifs à sa haquenée...

LE GOUVERNEUR, *voyant qu'on l'entend à peine*. Remettez-vous... remettez-vous.. capitaine... on croirait que vous êtes ému!..

PEPINELLI, *vivement*. Pour ces dames... et pour vous!.. (*Reprenant son récit*.) J'entends dans l'obscurité... deux hommes... qui debout près d'un pan de muraille... parlaient à demi-voix... et prononçaient votre nom... Excellence... et le mien... je reste immobile... j'écoute... l'un des deux hommes disait : « C'est le gouverneur de Rome et le petit capitaine de dragons Pepinelli. A quoi l'autre répondait brusquement : qu'importe quels qu'ils soient... puisque Marco a dit à onze heures sonnant : on vengera la mort de nos compagnons sur tout ce qui se trouvera dans le château! Bien avec plaisir, a continué le premier..... mais des femmes c'est autre chose... Ah ! bah ! a repris le

second, tu es toujours galant.... toi Giacomo... »
et ils se sont éloignés... en se disputant... qu'en
dites-vous maintenant?

LE GOUVERNEUR. Je dis... je dis... qu'à l'hôtellerie où nous nous sommes arrêtés, ces brigands
nous auront reconnus et suivis de loin à travers
la forêt... jusqu'à ce château... où ils se sont introduits après nous...

LE BARON, *froidement*. C'est probable... et vous
pensez...

LE GOUVERNEUR. Que j'aimerais mieux, baron,
être ailleurs qu'ici !.... mais que voulez-vous.....
c'était une partie à gagner ou à perdre, Marco est
dans son droit. Ce qui me fâche... c'est pour vous...
pour votre château..... dont j'aurai causé la
ruine...(*A demi-voix*.) Surtout pour ces pauvres
femmes! (*A haute voix.*) mais tout n'est pas désespéré ; et il doit y avoir dans la forêt, non loin du
carrefour de la fontaine, un piquet de dragons...

LE BARON. Vous croyez!..

LE GOUVERNEUR. J'ai donné l'ordre ce matin
même d'en placer un.

LE BARON, *secouant la tête*. Le difficile est de
le prévenir.

PEPINELLI. C'est impossible... les bandits, qui
sont maîtres du château, ne laisseront sortir personne.

LE GOUVERNEUR. Ne comptons alors que sur
nous et voyons à nous défendre!

LE BARON. Très-bien... Monseigneur...

LA MARCHESA. Ah! mon oncle... soutenez-moi...
je me meurs de frayeur.

LE BARON, *à Angela, qui est venue se placer près
de lui*. Et toi, ma fille?..

ANGELA. Je suis tranquille, mon père... car je
ne vous quitterai pas... et votre sort sera le mien!..
(*Le baron embrasse Angela.*)

LE GOUVERNEUR. Eh bien, Pepinelli... que faites-vous là immobile?..

PEPINELLI, *sur place et tremblant*. Immobile...
non pas!..

LE GOUVERNEUR, *montrant le fond*. C'est par
là, sans doute, qu'on viendra nous attaquer...
voyez à barricader ces portes. (*Au baron.*) Après
tout, on peut se défendre ! nous sommes trois...
vous, moi et le capitaine !

LE BARON. Cela ne fait jamais que deux!

LE GOUVERNEUR. Qu'importe?..

FINAL.

LE GOUVERNEUR.
Attendons l'ennemi ! Dieu guidera nos bras.
(*Au baron.*)
Avant que votre fille, et si jeune et si belle,
Tombe en leurs mains...

LE BARON.
Eh bien!

LE GOUVERNEUR.
Je serai mort pour elle!

LE BARON, *à part*.
Mourir pour ma fille !.. ah! je ne le tuerai pas !
(*On entend en dehors, dans la forêt, un appel de
cavalerie.*)

TOUS.
Écoutez!.. écoutez !.. quel bruit se fait entendre?

LA MARCHESA.
Est-ce un nouveau renfort qui vient à ces brigands?

LE GOUVERNEUR.
Plus je cherche et moins je comprends,
D'où nous vient ce secours, que je n'osais attendre !
Mais ce sont les clairons de nos dragons !

TOUS.
Vraiment!

PEPINELLI, *avec joie*.
Mes dragons ! braves gens !
(*Courant à la fenêtre.*)
Quelle nombreuse escorte!
Comme des furieux ils frappent à la porte!

LE BARON.
Attendez ! attendez ! nous allons à l'instant
Donner l'ordre d'ouvrir.
(*Le baron prend un cor attaché à la muraille et en
donne quelques sons en se tournant vers l'intérieur du château.*)

ENSEMBLE, *avec accompagnement, en dehors, de
clairons*.

Dieu qui nous vient en aide,
Semble nous protéger,
Et le plaisir succède
A l'horreur du danger.

LE BARON, *à part*.
A leurs vœux tout succède,
Mais si j'en peux juger,
De ceux qui leur viennent en aide,
Nous saurons nous venger.

SCÈNE VIII.

LES PRÉCÉDENTS, FEDERICI, *paraissant à la
porte du fond*.

ANGELA, *à part*.
Ah! grand Dieu, qu'ai-je vu?

LE BARON, *voyant son émotion*.
Qu'as-tu, ma fille?

ANGELA, *à demi-voix*.
Eh mais ! c'est lui !.. c'est l'inconnu !

LE BARON, *étonné*.
Vraiment!

ANGELA.
Qui vient pour nous défendre.

LE BARON.
C'est bien!
(*Le regardant.*)
Beau, jeune et brave... Eh! j'aime assez mon gendre !

FEDERICI, *qui pendant ce temps s'est avancé près
des dames, salue le baron et sa fille*.
Errant dans la forêt, en artiste amateur,
Que charmait de ces murs la belle et sombre horreur!
J'ai cru voir, tout à coup, et protégé par l'ombre,
Un groupe de bandits, dont j'ignore le nombre,
Se glisser en ces murs à pas silencieux !

Comment vous prévenir? et comment, seul contre eux,
Vous défendre?.. J'avais, non loin de la fontaine,
En entrant dans le bois, ce matin aperçu
Un piquet de dragons !

LE GOUVERNEUR, *avec joie.*
Les nôtres?

FEDERICI.
J'ai couru !
Je les ai prévenus !.. et je vous les ramène !..

LE BARON, *à part.*
Ah ! mon gendre me plaît beaucoup moins à présent !

FEDERICI.
Heureux de vous défendre !

LE BARON, *avec ironie.*
En chevalier galant !

ENSEMBLE.

Défendre les belles
Et mourir pour elles ;
Chevaliers fidèles,
C'est notre devoir.
Trop heureuse chance,
Lorsque la vaillance
A pour récompense
Un rayon d'espoir.

(*Pepinelli, qui est sorti pendant le commencement de cet ensemble, rentre en ce moment par le fond.*)

TOUS, *s'adressant à lui.*
Eh bien !

PEPINELLI.
Ah ! mes dragons se sont tous bien conduits,
Du château nous sommes les maîtres,
Rien ne nous manque plus... rien! que des ennemis !

LE BARON, *à part.*
Par eux, mon signal fut compris.
(*Haut et gaiement.*)
Comment! pas un !..

PEPINELLI.
Pas un! Les portes, les fenêtres
Sont closes, et pourtant ils sont tous disparus !
On n'en saurait trouver un seul !

LE GOUVERNEUR, *riant.*
C'est un miracle !

LE BARON, *à Pepinelli.*
Ou plutôt, capitaine, et c'est le seul obstacle,
Vous aviez cru les voir !

PEPINELLI.
Et je les ai bien vus !

FEDERICI.
Moi de même !

PEPINELLI.
Et pourtant disparus!

SCÈNE IX.

LES PRÉCÉDENTS, DES DRAGONS, *entrant de divers côtés du théâtre.*

Disparus...
Du haut en bas, disparus ! disparus !

LE GOUVERNEUR.
Eh bien ! suivons leur trace,
Que ces bois par nous soient fouillés !
Et surtout point de grâce,
Tous ceux qu'on prendra... fusillés !
(*Se tournant d'un air gracieux vers le baron, à qui il tend la main.*)
Quant à vous, mon cher hôte,
Vous nous l'avez promis... et demain soir, sans faute,
Chez moi, demain... au bal !

LE BARON, *tressaillant.*
Au bal !

ANGELA, *à voix haute et* FEDERICI, *à part.*
Au bal...

LA MARCHESA.
Au bal.

ANGELA, *à son père, d'un air caressant.*
Vous l'avez dit.
(*Au gouverneur.*)
Mon père est trop loyal
Pour oublier cette promesse...

TOUS.
Au bal !

PEPINELLI ET LE CHOEUR.

Obéir aux belles
Et danser pour elles,
Cavaliers fidèles,
C'est notre devoir !
Trop heureuse chance,
Quand notre constance
A pour récompense
Un rayon d'espoir !

LE BARON, *à part.*
Contrainte cruelle
Et crainte mortelle,
(*Montrant Angela.*)
Qu'il me faut, près d'elle,
Ne pas laisser voir !

(*La Marchesa embrasse Angela, puis sort avec le gouverneur et Pepinelli, qui ainsi que Federici saluent le baron et sa fille.*)

FIN DU PREMIER ACTE.

ACTE DEUXIÈME.

Un salon de bal et de concert élégamment décoré dans le palais du gouverneur de Rome. Des canapés, des fauteuils, des chaises ; à l'extrême droite du théâtre, un petit guéridon sur lequel sont placés des albums et des papiers de musique.

SCÈNE PREMIÈRE.

LA MARCHESA, PEPINELLI, *la suivante.*

PEPINELLI. Cette parure de bal... double votre beauté, et jamais vous n'avez été plus séduisante..
LA MARCHESA, *sans le regarder et s'occupant d'arranger sa toilette.* Vous trouvez?.. (*S'adressant à lui.*) Vous êtes-vous occupé de l'orchestre?...
PEPINELLI. C'est nécessaire quand dans la même soirée on a un concert et un bal, aussi nous aurons, marquise, les plus illustres amateurs de Rome ! pour le premier violonet, la basse... les princes Corsini et Rospigliosi. Et puis... (*S'arrêtant.*) Ah ! je voulais vous demander si je peux apporter mon hautbois.
LA MARCHESA, *d'un air indifférent.* Votre hautbois... je n'y vois pas d'inconvénient.
PEPINELLI. Je l'apporterai donc.
LA MARCHESA, *vivement.* A condition que vous n'en jouerez pas.
PEPINELLI, *avec colère.* Comment?
LA MARCHESA. Eh bien ! si, vous en jouerez..... (*A part.*) Tant pis pour eux.
PEPINELLI. Et autre chose encore... (*Avec tendresse.*) Depuis si longtemps que je vous aime sans intérêt...
LA MARCHESA, *sans le regarder.* Avez-vous pensé au programme du concert, à nos morceaux de musique?
PEPINELLI, *lui répondant.* J'en ai de nouveaux, j'en ai de charmants... (*Avec passion.*) Et il me semble qu'une passion... qui a trois ans de date... mériterait depuis longtemps...
LA MARCHESA, *sans le regarder.* Sa retraite.
PEPINELLI. Dites plutôt une récompense...
LA MARCHESA. N'en est-ce pas une de vous écouter... de vous permettre de me servir?..
PEPINELLI. Certainement... Le poste de cavalier servant est un emploi honorable...
LA MARCHESA. Mes gants !..
PEPINELLI. Voici !.. mais quand on y joindrait par hasard quelques honoraires...
LA MARCHESA. Mon éventail !..
PEPINELLI, *timidement.* Je dis quelques légers honoraires...
LA MARCHESA, *avec ironie.* En vérité !..

COUPLETS.

Vous pouvez soupirer,
Vous pouvez espérer;
Mais, songez-y bien,
Je n'accorde rien.
  Vos ardeurs,
  Vos fadeurs,
Me donnent des vapeurs.
Amoureux en délire
Qu'on devrait interdire,
De vous j'aime mieux rire...
Car le rire embellit !..
Oui, Monsieur, je vous l'ai dit...

Vous pouvez soupirer,
Vous pouvez espérer, etc.

  Je permets
  Vos sonnets !
  Vos rébus...
  Je fais plus,
  Je consens à les lire !
Mais d'un tendre martyre
S'il faut que l'on expire,
Qu'au moins ce soit gaîment :
Oui, vraiment, j'en fais serment.

Vous pouvez soupirer,
Vous pouvez espérer,
Mais, songez-y bien
Je n'accorde rien !

PEPINELLI, *secouant la tête.* Rien !... rien !... et mon prédécesseur, le seigneur Sylvio Frascolino?
LA MARCHESA. Frascolino... un petit officier.
PEPINELLI, *avec chaleur.* Oui, signora... un petit officier... celui qui, avant moi, et quelquefois encore... de mon vivant... vous donne la main... pour aller à la chapelle Sixtine... (*Rencontrant un regard de colère de la marquise.*) Je m'arrête... je me calme, je ne perds pas le respect, mais on peut perdre patience... et hier... j'étais derrière vous... je suis toujours là... par état... vous lui disiez à voix basse... « Mes lettres... Monsieur... mes lettres... je les exige... »
LA MARCHESA. C'est-à-dire que vous avez cru entendre...
PEPINELLI. J'ai très-bien entendu la demande et la réponse : « Demain, marquise... je vous les enverrai de ma villa... où je tenais caché mon trésor... »
LA MARQUISE. Quelle folie !..
PEPINELLI. Oui, quelle folie de vous aimer... comme je le fais....
LA MARQUISE. Et pourquoi m'aimez-vous?

PEPINELLI. Parce que je ne peux pas faire autrement, parce que plus vous me trompez et plus je vous aime... et je prévois, si j'étais votre mari...

LA MARQUISE, *avec fierté.* Hein..

PEPINELLI. Que mon amour augmenterait encore tous les jours.

LA MARCHESA. Votre amour... votre amour!.. Le moment est bien choisi! lorsque mon oncle tient plus que jamais à ce mariage avec mon cousin Federici.

PEPINELLI. Mais on ne l'a pas encore vu, votre éternel cousin... il ne viendra pas même pour ce bal qu'on nous donne en son honneur...

LA MARCHESA. S'il osait me faire un pareil affront...

PEPINELLI, *vivement.* Vous vous vengeriez?..

LA MARCHESA, *avec colère.* Sur-le-champ!

PEPINELLI, *vivement.* Avec moi, Marchesa...

LA MARCHESA, *riant.* Et qui vous parle de cela, Monsieur?

PEPINELLI. Mais c'est moi qui vous en parle... moi qui serais trop heureux de partager votre vengeance... car je suis en fureur, en délire... je suis jaloux...

LA MARCHESA. Et de qui, s'il vous plaît?..

PEPINELLI. De votre cousin... du petit officier... de tout le monde...

LA MARCHESA. Mais taisez-vous, Monsieur, taisez-vous, n'allez-vous pas me compromettre par une scène au moment où tout le monde arrive pour le bal... et mon oncle...

PEPINELLI. Ah! j'oubliais! Retenu par d'importantes affaires... il viendra plus tard, et nous prie, vous et moi, de faire les honneurs!..

SCÈNE II.

LA MARCHESA, PEPINELLI, Chœur de Seigneurs et de Dames, *auxquels la Marchesa fait les honneurs du salon.*

CHŒUR.

Beaux cavaliers! dames charmantes,
Venez! hâtez-vous d'accourir!
Du bal la musique enivrante
De loin, vous appelle au plaisir!

(*Pendant le chœur précédent est entré le baron de Torrida donnant le bras à sa fille qui regarde autour d'elle, avec admiration. La Marchesa va au-devant d'elle, l'embrasse, la prend par la main et la présente aux autres dames.*)

ANGELA.

O spectacle, plein de magie!
Et combien mes sens sont émus
De ce bruit, de cette harmonie,
De tous ces plaisirs inconnus!

(*Des cavaliers s'approchent d'Angela qu'ils saluent et qu'ils invitent à danser; d'autres la regardent ou la montrent aux seigneurs qui les entourent.*)

LE BARON.

Oui, c'est ma fille qu'on admire!
Ah! j'en suis fier! j'en suis heureux!
Mais je crains les regards nombreux
Que sa beauté sur nous attire!

ANGELA, *regardant autour d'elle.*

Il n'est pas encore en ces lieux,
Mais ne peut tarder, je suppose.

(*Plusieurs nouveaux cavaliers entourent Angela et l'invitent avec empressement à danser.*)

LE BARON, *regardant Angela.*

Ah! qu'elle n'apprenne jamais
A quel péril, pour elle, je m'expose!

(*A Angela qui se rapproche de lui.*)

Que te disaient ces jeunes gens?..

ANGELA, *souriant avec embarras.*

Eh mais...
« Que j'étais belle... que la rose
« Avait moins d'éclat et d'attraits... »

LE BARON, *vivement.*

Ils ont raison!

ANGELA

Et puis, à la danse joyeuse
Chacun m'invite!

(*Au baron.*)

Ah! que je suis heureuse!

LE BARON, *la regardant avec tendresse.*

Alors, j'ai bien fait de venir!

ANGELA.

Oui, mon bon père!

LE BARON, *à part, avec émotion.*

Oui! quand je devrais pour elle,
Payer de tout mon sang cet instant de plaisir!

LA MARCHESA, *répondant à plusieurs seigneurs qui viennent de l'interroger.*

Vous demandez quelle est cette beauté nouvelle?..
La fille de monsieur le baron Torrida!
Qui partageait, hier, l'aventure effrayante
Et les dangers auxquels nous exposa
Le terrible Spada, ce brigand dilettante!

PEPINELLI, *qui s'est approché du groupe des seigneurs.*

Que bientôt nous tiendrons, pas plus tard que ce soir!

TOUS.

Vraiment!!

LE BARON, *à Pepinelli, en riant.*

Vraiment, mon cher!

PEPINELLI.

Du moins j'en ai l'espoir!

LA MARCHESA.

Du concert voici l'heure,

(*A demi-voix, à Angela.*)

Aura-t-on le plaisir
De vous entendre, ma charmante?

PEPINELLI, *au baron.*
La signora chante donc!
LE BARON, *avec orgueil.*
Je m'en vante!
(*A part.*)
Ah! quel bonheur de l'entendre applaudir!
(*Les dames sont assises en demi-cercle. Les seigneurs, debout derrière elles. Le baron et Pepinelli sont à gauche du spectateur.*)
ANGELA, *à la Marchesa.*
Mais que vous chanterais-je?
(*Pepinelli a pris sur un guéridon, à droite, plusieurs papiers de musique qu'il présente à la Marchesa, celle-ci en prend un, qu'elle montre à Andrea.*)
Un morceau que voici...
Et qu'hier, par hasard, j'ai vu chez votre père!
Vous le connaissez donc, ainsi que moi, ma chère!
PEPINELLI, *lisant le titre du morceau.* (*Parlé.*)
Déclaration d'amour, en quatre langues différentes! (*Riant.*) Quatre!
LA MARCHESA.
Le titre est assez singulier.
ANGELA, *souriant.*
Mais un duo, d'ordinaire, réclame
Deux chanteurs!
LA MARCHESA.
Je consens à faire ici la dame!
ANGELA, *gaîment.*
Et moi le cavalier.
PEPINELLI, *bas, à la Marchesa.* Faut-il prendre mon haut-bois.
LA MARCHESA, *de même.* Pas encore!

SCÈNE DE MUSIQUE.

LA MARCHESA *joue le rôle d'une Française et* ANGELA, *celui d'un jeune marquis.*

RÉCITATIF.

LA MARCHESA.
Dieu, que de monde en ces bains de Tœplitz!
ANGELA.
Quelle est cette belle étrangère?
LA MARCHESA.
D'où sort ce jeune fat et quel est son pays?
ANGELA.
Français, jeune et marquis, mon état est de plaire!
Je plairai!.. faisons-lui ma déclaration!
Mais sachons, avant tout, de quelle nation
Est l'objet enchanteur qui se tait et m'évite?
(*La lorgnant.*)
A ses beaux cheveux blonds, à son air, à ses traits,
A cette blanche hermine entourant ses attraits,
Ce doit être une Moscovite?
(*Déclaration d'amour en langue russe; la marquise, qui a écouté, fait signe qu'elle ne comprend pas.*)
ANGELA.
Elle ne comprend pas!.. Ce doit être une Anglaise!
C'est alors, en anglais, qu'il faut que je lui plaise?
(*Déclaration d'amour sur des paroles anglaises; la marquise fait signe qu'elle ne comprend pas.*)
ANGELA.
Elle ne m'entend pas!.. quelle erreur est la mienne!
Si c'était une Italienne!
(*Déclaration d'amour sur des paroles italiennes; la marquise, à haute voix et le regardant d'un air impatienté.*)
Que me veut ce monsieur, que je ne puis comprendre,
Et qui parle, je crois,
Iroquois ou chinois?
ANGELA, *poussant un cri.*
Quoi, vous parlez français?
LA MARCHESA.
Oui, Monsieur!
ANGELA.
Comme moi!
(*A la marquise.*)
Que ne le disiez-vous?
LA MARQUISE.
Et pourquoi donc?
ANGELA.
Pourquoi?
C'est qu'un délire extrême
Embrase tous mes sens.
Oui, j'aime... je vous aime!
En français, je vous aime!
LA MARCHESA.
En français...
ANGELA.
En français! pour toujours je vous aime!
LA MARQUISE, *riant.*
Toujours!
ANGELA, *avec chaleur.*
Toujours!
LA MARQUISE.
Non pas!.. je m'y connais!
Toujours!.. eh! ce mot-là, Monsieur, n'est pas français!

ENSEMBLE.

ANGELA.
En français, je vous aime, etc., etc.
LA MARCHESA.
Quelle folie extrême, etc., etc.
(*On entend en dehors du salon un orchestre de bal; tout le monde se lève et redescend au bord du théâtre.*)

CHŒUR.

Beaux cavaliers, dames charmantes,
Au bal hâtez-vous d'accourir.

(*Ils sortent tous, excepté le baron et Pepinelli.*)

SCÈNE III.

PEPINELLI, LE BARON.

PEPINELLI. Elle est charmante, votre fille, monsieur le baron.
LE BARON. N'est-ce pas?
PEPINELLI. Et si mon cœur... si toutes mes pensées n'étaient pas enchaînés ailleurs... on serait trop heureux... de se mettre sur les rangs...
LE BARON, *s'inclinant d'un air railleur.* Un

gendre dans les dragons! ce serait trop d'honneur pour nous!

PEPINELLI. L'honneur serait pour moi! monsieur le baron!

LE BARON. Mais permettez, capitaine, que disiez-vous tout à l'heure... de ce Spada?.. de l'espérance que vous aviez de le tenir ce soir...

LE CAPITAINE, *riant*. C'est piquant, n'est-ce pas?.. et cela vous intéresse.

LE BARON. Par curiosité!

LE CAPITAINE, *avec mystère*. Et moi, par un bien autre motif. Je tiens à me signaler aux yeux de la marquise et je deviendrais l'homme à la mode, l'homme du jour, l'adoration de toutes les dames romaines... si je parvenais à capturer et à détruire ce chef redoutable...

LE BARON. Je vois qu'hier soir il vous a fait un peu peur... et que vous lui en gardez rancune.

PEPINELLI. Je ne dis pas non... et si je pouvais le retrouver...

LE BARON, *avec mystère*. Ce n'est pas impossible... j'ai quelque idée sur le lieu de sa retraite...

PEPINELLI. En vérité!

LE BARON. Idée que je n'ai encore communiquée à personne... mais pour vous, capitaine, et pour les beaux yeux de la marquise...

PEPINELLI. Ce n'est pas de refus... si mon projet venait à échouer!.. mais en attendant j'ai mieux que cela...

LE BARON. Mieux que cela!..

PEPINELLI. Une réussite presque assurée, qui dépend de votre discrétion! apprenez... vous allez vous récrier... traiter cela d'invraisemblable et d'impossible... apprenez que, ce soir même... il doit venir... ici... à ce bal...

LE BARON, *vivement*. A ce bal!..

PEPINELLI. Silence!..

LE BARON. Et comment le savez-vous?

PEPINELLI. Grâce à une idée de moi!.. une récompense de six mille écus romains avait été affichée et promise à celui qui livrerait Spada, le bandit. Et aujourd'hui j'ai reçu, vers le milieu de la journée, l'avis suivant, d'un des siens, nommé Gianetti...

LE BARON. Gianetti...

PEPINELLI, *tirant un papier de sa poche*. Il ignore dans quel but et dans quelle intention... mais il est sûr que leur chef a commandé sa voiture et choisi ses compagnons les plus intrépides pour l'accompagner ce soir, incognito, au bal du gouverneur... où il y a, sans doute, vu la quantité des diamants, quelque bon coup à faire... c'est d'une témérité...

LE BARON, *riant*. Et vous croyez à cela?..

PEPINELLI, *lui remettant la lettre*. Voyez plutôt! voyez! Il est capable de tout.

LE BARON, *lisant la lettre*. Excepté d'une sottise... et c'en serait une de venir ainsi se livrer lui-même... en vos mains...

PEPINELLI. C'est bien... ce que je me suis dit!.. mais j'ai toujours prévenu le gouverneur... qui prend en ce moment les mesures nécessaires... pour que Spada ne puisse plus sortir de ces salons... s'il a l'audace d'y mettre le pied!

LE BARON. Et ces mesures?..

PEPINELLI. Je ne les connais pas!.. puisque le gouverneur est depuis plusieurs heures renfermé dans son cabinet... mais voici toutes ces dames.

SCÈNE IV.

LES PRÉCÉDENTS, LA MARCHESA, ANGELA, GROUPE DE DANSEURS ET DE DANSEUSES.

LE BARON, *à Angela*. Est-ce que la contredanse est déjà finie?..

LA MARCHESA. Non pas... mais voici bien un autre événement... le bruit s'était tout à coup répandu dans le bal que Spada avait osé pénétrer en ce palais...

ANGELA, *au baron*. Est-ce audacieux, mon père?..

LE BARON, *froidement*. Oui, mon enfant!..

LA MARCHESA. J'ai couru alors chez mon oncle. Son valet de chambre m'a appris qu'un homme, enveloppé d'un manteau et dont les manières paraissaient fort étranges, s'était, en descendant de voiture, dirigé non vers la salle de bal... mais vers l'appartement du gouverneur. Nos gens, qui avaient déjà le mot, se sont jetés sur lui... et l'ont conduit devant mon oncle, qui l'interroge en ce moment...

PEPINELLI, *au baron*. Eh bien... que vous disais-je?..

LE BARON. Je commence à croire que décidément il est ici!

PLUSIEURS DAMES. Ah! que je voudrais le voir...

LA MARCHESA. Et moi donc?.. j'en mourais d'envie!.. (*Avec contentement.*) Aussi je l'ai vu!

TOUTES LES DAMES. Est-il possible?..

LA MARCHESA. Et voilà le plus épouvantable... je n'en puis revenir encore...

TOUTES LES DAMES. Parlez?.. parlez?..

PEPINELLI, *lui offrant un flacon de sels*. Eh! oui, signora, parlez donc?..

LA MARCHESA. Sous prétexte de l'avertir que le bal était commencé, je me suis élancée intrépidement près du gouverneur... qui, d'une voix terrible, s'est écrié : « J'ai défendu que personne entrât... dans mon cabinet, sortez, ma nièce, sortez... je vous rejoins dans l'instant... » et par un procédé dont les oncles seuls sont capables, la porte s'était déjà refermée sur moi... mais d'un œil rapide... j'avais eu le temps de voir...

TOUTES. Eh bien?..

PEPINELLI. Eh bien! Spada?

ACTE II, SCÈNE V.

LA MARCHESA, *à Pepinelli et au baron.* Ah! voilà, Messieurs... (*A Angela.*) Voilà, ma chère, ce que vous ne croirez jamais... ce beau... cet élégant cavalier que nous avons rencontré hier... chez M. le baron de Torrida, votre père...

ANGELA, *tremblante.* Ah! mon Dieu... achevez?

LA MARCHESA. C'était lui...

ANGELA, *pousse un cri étouffé et se jette dans les bras de son père.* Ah!

MORCEAU D'ENSEMBLE.

LE BARON, *serrant sa fille contre son cœur.*
Tais-toi! tais-toi, ma chère!

ANGELA, *à demi-voix et avec force.*
Ah! je ne l'aime plus! rassurez-vous, mon père!
Je sens à mon amour succéder le mépris!

LE BARON, *avec douleur.*
Le mépris!.. le mépris...
(*Cachant sa tête entre les mains.*)
Malheureux que je suis!

ENSEMBLE.

LE BARON, *à part.*
Ah! que toujours ma fille ignore
Et mon destin, et mon malheur!
Sinon, ce père qu'elle adore
Deviendrait un objet d'horreur!

ANGELA.
Ah! qu'à jamais le monde ignore
Ma honte, ainsi que ma douleur.
C'est à celui seul que j'honore
Que doit appartenir mon cœur!

LA MARCHESA, PEPINELLI ET LE CHŒUR.
Je n'en puis revenir encore!
Quoi! dans ces lieux, ah! quelle horreur!
Ce bandit que chacun abhorre
Est venu jeter la terreur!

SCÈNE V.

LES PRÉCÉDENTS, puis LE GOUVERNEUR ET FEDERICI.

LA MARCHESA, *remontant le théâtre, et regardant vers le fond.*
Le voici! c'est bien lui!

TOUTES LES FEMMES.
D'avance, je frissonne!
(*Paraît le gouverneur, donnant le bras à Federici.*)
TOUS, *à voix basse.*
Mais quel étrange événement,
Quoi! le gouverneur, en personne,
Donnant le bras à ce brigand!

LE GOUVERNEUR, *s'avançant au milieu du théâtre.*
Venez tous prendre part au bonheur qui m'enchante,
Et permettez, Messieurs, qu'ici je vous présente
Ce noble cavalier!..

TOUS.
Grand Dieu!

LE GOUVERNEUR.
Qui, depuis son enfance, absent de l'Italie,
Revoit enfin ses parents, sa patrie!
Federici, mon neveu!

TOUS.
Son neveu!

LA MARCHESA.
Que j'avais méconnu!.. que j'avais offensé!
(*Courant à lui.*)
Lui! mon cousin!.. mon noble fiancé!

LE BARON ET ANGELA.
Son fiancé!..

PEPINELLI, *avec colère.*
Qu'exprès Satan vient ramener
(*Montrant la Marchesa.*)
Pour l'épouser et me faire damner!

ENSEMBLE, *mouvement vif et animé.*

LE BARON.
Désormais, plus de clémence!
Qu'ils redoutent ma vengeance,
Ils étaient en ma puissance,
Et je les épargnai tous!
Trahison et perfidie!
Par lui ma fille est trahie,
Et c'est trop peu de sa vie
Pour apaiser mon courroux!

PEPINELLI.
Au-devant de la vengeance
Mon cœur irrité s'élance!
Après trois ans de constance,
Il deviendrait son époux!
O comble de perfidie!
Elle me serait ravie!
Qu'elle craigne la furie
De ce cœur fier et jaloux!

LE GOUVERNEUR, LA MARCHESA ET LE CHŒUR, *regardant Federici.*
Après une longue absence,
Bientôt, j'en ai l'espérance,
Une brillante alliance
Le retiendra parmi nous!
Oui, que désormais sa vie
S'écoule dans sa patrie!
Que d'une femme chérie
Il devienne ici l'époux!

ANGELA.
Plus d'amour, plus d'espérance!
Lorsque, dans ma confiance,
Je croyais à sa constance,
D'une autre il devient l'époux!
O comble de perfidie!
Ah! c'en est fait de ma vie,
Qui, par le malheur fléchie,
Se brise, hélas! sous ses coups!

FEDERICI.
O beaux rêves d'espérance!
En l'amour j'ai confiance!
Je romprai cette alliance
Pour former un nœud plus doux!
Oui, que désormais ma vie

A la sienne soit unie...
Et qu'ici sa voix chérie
Me nomme enfin son époux!
FEDERICI, *s'approchant d'Angela, qu'il salue.*
Oserais-je implorer l'honneur
De la prochaine contredanse?
ANGELA, *froidement.*
L'on vient de m'engager, Monsieur.
FEDERICI.
Ah! quel malheur!
Mais j'y mettrai de la persévérance!
Et la suivante...
ANGELA, *de même.*
Je ne peux!
Je suis fatiguée, et je veux
Me retirer de bonne heure!
(Au baron, qui est près d'elle.)
Oui, mon père.
Partons, je vous en prie!..
LE BARON, *vivement.*
Ah! de grand cœur, ma chère!
ANGELA.
Dans ce bal, tout me blesse et tout m'est odieux!

ENSEMBLE.

LE BARON.

Désormais, plus de clémence!
Qu'ils redoutent ma vengeance!
Ils étaient en ma puissance,
Et je les épargnai tous!
Trahison et perfidie!
Par lui ma fille est trahie,
Et c'est trop peu de sa vie
Pour apaiser mon courroux!

PEPINELLI.

Au-devant de la vengeance!
Mon cœur irrité s'élance.
Après trois ans de constance,
Il deviendrait son époux!
O comble de perfidie!
Elle me serait ravie!
Qu'elle craigne la furie
De ce cœur fier et jaloux!

LE GOUVERNEUR, LA MARCHESA ET LE CHŒUR.

Après une longue absence,
Bientôt, j'en ai l'espérance,
Une brillante alliance
Le retiendra parmi nous!
Oui, que désormais sa vie
S'écoule dans sa patrie!
Que d'une femme chérie
Il devienne ici l'époux!

ANGELA.

Plus d'amour, plus d'espérance,
Lorsque, dans ma confiance,
Je croyais à sa constance,
D'une autre il devient l'époux!
O comble de perfidie!
Ah! c'en est fait de ma vie,
Qui, par le malheur flétrie,
Se brise, hélas! sous ses coups!

FEDERICI.

O beaux rêves d'espérance!
En l'amour j'ai confiance!
Je romprai cette alliance
Pour former des nœuds plus doux!
Oui, que désormais ma vie
A la tienne soit unie...
Et qu'ici ta voix chérie
Me nomme enfin ton époux!

(A la fin de cet ensemble, le gouverneur vient prendre Federici, qu'il conduit près de la Marchesa. Celle-ci lui fait signe de s'asseoir à côté d'elle. Federici obéit, en jetant de temps en temps des regards du côté d'Angela, qui ne fait plus attention à lui, et s'assied près d'un groupe d'autres dames.)

LE BARON, *s'approchant de Pepinelli.* Voudriez-vous, monsieur le capitaine, vous qui êtes presque de la maison, avoir la bonté de faire demander ma voiture et mes gens?

PEPINELLI. Déjà!.. moi qui voulais causer avec vous de votre proposition de tout à l'heure, car je commence à craindre que Spada ne nous échappe encore!

LE BARON, *froidement.* C'est probable!

PEPINELLI, *avec dépit.* Et j'y tiens plus que jamais (la marquise épousant le comte Federici) à me faire regretter d'elle par quelque action d'éclat, par quelque gloire...

LE BARON. Je comprends!.. *(A demi-voix.)* Écoutez donc?.. demain, au point du jour, comme qui dirait, en sortant de ce bal, trouvez-vous dans la forêt, au val de l'*Acqua verde*, je m'y trouverai de mon côté...

PEPINELLI. Et vous me répondez du succès... vous me répondez de Spada?

LE BARON. Comme de moi...

PEPINELLI. Sans danger?..

LE BARON. Sans danger.

PEPINELLI. J'amènerai toujours une vingtaine de dragons.

LE BARON. Ce sera encore mieux! Amenez aussi le gouverneur et le comte Federici... j'y tiens beaucoup!

PEPINELLI, *à part.* Et moi, je n'y tiens pas!.. j'aurai seul tout l'honneur! *(Haut.)* A demain, donc... et, dans ma reconnaissance, que ferais-je pour vous?

LE BARON, *souriant.* Je vous l'ai dit, faire avancer promptement ma voiture...

PEPINELLI. Vous attendrez peut-être un peu... car il y a une file immense... et un monde, une armée de laquais... Je vais toujours demander les vôtres... les gens du baron de Torrida, et les faire entrer là... où il n'y a personne... un petit vestibule *(Montrant la porte à gauche.)* qui a une sortie particulière...

LE BARON. Par laquelle nous pourrons, ma fille et moi, disparaître incognito. *(Pepinelli s'éloigne.)*

LE GOUVERNEUR, *qui a entendu ces derniers mots, s'est approché du baron et lui dit :* Disparaître, monsieur le baron!... est-ce que vous songeriez déjà à nous quitter?..

LE BARON. Oui, Monseigneur!..

LE GOUVERNEUR. J'espère que vous n'en ferez rien... ou que, du moins, vous nous donnerez encore quelques instants... (*A demi-voix.*) je vais vous dire pourquoi... Vous savez, ce terrible Marco Spada, qui, hier soir, dans votre château, nous a donné une si vive alerte...

LE BARON, *souriant.* Vous l'attendez à votre bal... le capitaine vient de me le confier.

LE GOUVERNEUR, *à demi-voix.* C'est la vérité... le difficile, au milieu de cette foule, était de le reconnaître...

LE BARON. Car je crois me rappeler que vous ne l'avez jamais vu !

LE GOUVERNEUR, *de même.* C'est vrai!.. mais il va nous arriver quelqu'un qui le connaît très-bien.

LE BARON, *riant.* Ah! bah!..

LE GOUVERNEUR. Marco Spada avait fait dernièrement prisonniers deux révérends franciscains, dont l'un, qui s'est échappé, a juré de délivrer son frère.

LE BARON. Vraiment!

LE GOUVERNEUR. Il viendra ce soir au milieu de cette noble et riche société... et présentant successivement sa bourse à tous ceux qui se trouveront dans ces nombreux salons... il faudra bien...

LE BARON. Je comprends...

LE GOUVERNEUR. Qu'il reconnaisse Spada...

LE BARON. S'il y est!..

LE GOUVERNEUR. C'est la question... et dans ce cas-là, baron... je veux que vous soyez là... pour jouir de l'effet... du coup de théâtre... comme vous le disiez.

LE BARON. Je vous remercie, Monseigneur... (*Montrant Angela, qui se lève et vient à eux.*) mais ma fille voudrait se retirer.

LE GOUVERNEUR. Nous la gardons en otage... une demi-heure encore... (*Remontant le théâtre.*) Aussi bien, voici le frère Borromée. (*Le baron fait un geste de terreur, et se rapproche d'Angela.*)

SCÈNE VI.

LES PRÉCÉDENTS, FRA-BORROMÉE, *franciscain (habit blanc). Il paraît à la porte du fond, tenant sa bourse de quêteur à la main. Le gouverneur va au-devant de lui.* LA MARCHESA, ANGELA, *deux groupes de dames et de seigneurs sont assis à droite du théâtre; à gauche, un groupe de jeunes filles assises, deux groupes de seigneurs debout. Le père Borromée passe d'abord entre les deux groupes assis à droite, et le baron se place d'un air indifférent parmi les seigneurs qui sont debout à gauche, évitant les regards du franciscain.*

FRA-BORROMÉE, *debout entre les deux groupes de droite, présentant sa bourse aux seigneurs et dames, qu'il regarde.*

PREMIER COUPLET.

Que de riches parures !
Que d'or ! que de guipures !
Et combien nos couvents
Hélas ! sont indigents !
Enrichissez nos quêtes
Par vos bals et vos fêtes,..
Dieu les pardonnera !
(*S'adressant à voix basse au gouverneur, qui est toujours à côté de lui.*)
Ce n'est pas encor ça...
Je ne le vois pas là !
(*A voix haute et tendant sa bourse.*)
Écoutez mes prières,
Donnez, donnez, mes frères,
Donnez pour nos bons pères,
Le ciel vous le rendra !

(*Le franciscain, qui était à droite et à qui tout le monde vient de donner, remonte le théâtre en passant par devant les groupes de seigneurs qui sont au fond. Pendant ce temps le baron a traversé le devant du théâtre, en tournant le dos au frère Borromée qui est en ce moment au fond. Il va sortir par les salons à droite, mais la Marchesa qui se trouve vis-à-vis de lui, l'arrête en souriant, le force à s'asseoir près d'elle, et à regarder les feuillets d'un album, qu'elle vient de prendre sur le guéridon à droite.*)

DEUXIÈME COUPLET.

FRA BORROMEO, *s'adressant aux jeunes filles assises à gauche.*

A voir ces perles fines,
Ces étoffes divines,
Je me souviens qu'hélas !
Nos couvents n'en ont pas !
Donnez, jeunes fillettes,
Donnez pour vos toilettes,
Dieu vous les permettra.
(*Se retournant, à voix basse, vers le gouverneur, qui le suit toujours.*)
Ce n'est pas encor ça,
Je ne le vois pas là !..
(*A voix haute, se retournant vers les seigneurs.*)
Écoutez mes prières,
Donnez, donnez, mes frères,
Donnez pour nos bons pères,
Le ciel vous le rendra !

(*La Marchesa, à qui un domestique en grande livrée est venu parler à l'oreille, se lève du milieu du groupe de droite et passant au milieu du théâtre, dit à haute voix:*)
Le souper, Mesdames! (*Elle se retourne vers le groupe de dames, à droite, près desquelles se tient le baron pâle et agité.*) Eh bien ! ne m'entendez vous pas, Messieurs, la main aux dames!

(*Le baron fait un geste de joie, offre vivement sa main à la Marchesa qui l'accepte en souriant, et sort avec elle par la porte du fond, en tournant ainsi le dos à Fra-Borromeo, qui s'approchait de lui. Les autres jeunes gens et dames suivent ce mouvement et quittent successivement le théâtre.*)

LE GOUVERNEUR, à Fra-Borromeo. Venez, mon père, et avant de souper, parcourons les autres salons. (*Il sort avec Fra-Borromeo par un salon, à droite.*)

CHŒUR.

Beaux cavaliers! dames charmantes,
Venez, hâtez-vous d'accourir!
Du bal la musique enivrante
De loin vous appelle au plaisir!

(*Ils sortent tous deux par la porte à droite. Angela, qui était restée une des dernières, se dirige vers la porte du fond. Elle y trouve Federici, qui se place devant elle et l'empêche de passer.*)

SCÈNE VII.
FEDERICI, ANGELA.

FEDERICI. Vous ne me fuirez pas ainsi, Angela, vous me devez une explication.

ANGELA. Aucune!.. laissez-moi, Monsieur, votre fiancée s'étonnerait avec raison de votre absence.

FEDERICI. Ma fiancée...

ANGELA. La marquise de Sampiétri, votre cousine... à qui tous les hommages, tous les cœurs appartiennent.

FEDERICI. Excepté le mien. Depuis un an, mon oncle avait arrangé cette alliance, que je n'avais point repoussée, j'en conviens... je ne vous connaissais pas alors! mais aujourd'hui, dès mon arrivée, et ne voulant tromper personne, j'ai couru chez le gouverneur... lui avouer mon amour...

ANGELA. Est-il possible!..

FEDERICI. La douleur qu'il en éprouve ne le rend point injuste sur vous et sur votre mérite, il me demande seulement, pour moi, quelques jours de réflexions; pour lui, le temps de préparer la marquise à une nouvelle qui, au milieu des triomphes qui l'entourent, doit blesser son amour-propre... plus que tout autre sentiment...

ANGELA. Ah! que j'étais coupable, moi qui vous accusais...

FEDERICI. Et qui vouliez me fuir...

ANGELA. Je reste... je reste... je vous le jure!

FEDERICI. Et cette contredanse que j'implorais en vain...

ANGELA. A vous... à vous seul...

FEDERICI. Et moi je ne danserai qu'avec vous... venez!..

ANGELA, *apercevant le baron.* Mon père...

SCÈNE VIII.

LES PRÉCÉDENTS, LE BARON, *sortant du vestibule, à gauche, avec Gregorio, un de ses gens, pendant que l'orchestre se fait entendre au loin.*

LE BARON, à Gregorio. Bien... et puisque vous êtes là tous les quatre... attendez mes ordres... (*Gregorio rentre dans le vestibule, à gauche.*)

LE BARON, *s'adressant à Angela*. Allons, ma fille... hâtons-nous!.. notre voiture et nos gens sont prêts, partons!

ANGELA. Ah! pas encore, je vous en supplie.

LE BARON. C'est toi qui voulais t'éloigner à l'instant même...

ANGELA. Je ne le veux plus!

LE BARON. Ce bal te paraissait... si odieux et si triste...

ANGELA. Il me paraît délicieux maintenant... pardon... mon père... mais vous qui cédez à tous mes caprices... accordez-moi encore celui-là!..

LE BARON. C'est impossible!..

ANGELA. Et pourquoi?..

LE BARON, *à demi-voix*. La présence seule de M. le comte devrait te le dire... viens!

ANGELA. Ah! c'est que vous ignorez ce qui se passe, et vous ne savez pas comme moi.

LE BARON. Je sais que nous devons partir...

ANGELA. Nous pouvons rester... car il n'épouse point la marquise.

FEDERICI. Monsieur le baron, vous connaissez maintenant mon rang, ma famille et ma fortune. J'ai l'honneur de vous demander la main de la signora, votre fille.

ANGELA. Vous l'entendez?.. (*Bas, à son père.*) J'en mourrai de joie!

LE BARON, *à part*. Et moi de crainte... et de désespoir... (*Haut.*) Je ne le puis, Monsieur... je ne le puis...

ANGELA ET FEDERICI. Et pour quelle raison?..

LE BARON. Je les expliquerai à ma fille... c'est pour cela, Monsieur, que je désire être seul avec elle...

FEDERICI. Ces raisons... quelles qu'elles puissent être... ne tiendront pas, j'en suis certain, contre mes prières... et celles de la signora.

LE BARON, *avec impatience*. Enfin, Monsieur...

FEDERICI. J'obéis, monsieur le baron, je me retire... mais j'aime à croire que vous ne quitterez pas le bal sans me permettre d'espérer une réponse plus favorable. (*Il se retire par l'appartement, à droite.*)

SCÈNE IX.
LE BARON, ANGELA.

ANGELA, *le regardant avec douleur*. Qu'est-ce que cela signifie, mon Dieu?

LE BARON. Qu'il faut me suivre à l'instant!

ANGELA. Mais partir ainsi... sans motifs... c'est rompre... à jamais...
LE BARON. N'importe!.. viens!
ANGELA, *avec soumission.* Je dois obéir à vos ordres, mon père, et les respecter, quels qu'ils soient... mais daignez du moins m'en expliquer les causes...
LE BARON. Je ne le puis!..
ANGELA Et pourquoi?..
LE BARON. Je ne le puis, te dis-je!.. mais si nous tardons un instant... je suis perdu!..
ANGELA, *poussant un cri.* Ah! je pars...
LE BARON, *froidement.* Non, reste... il n'est plus temps!

SCÈNE X.

PEPINELLI, FRA-BORROMEO, *sortant des salons, à gauche, au fond,* LE BARON *et* ANGELA, *à droite, sur le devant du théâtre.*

PEPINELLI, *au franciscain.* La quête est superbe...
FRA-BORROMEO. La bourse du frère quêteur est déjà pleine... et je ne me suis pas encore adressé à tout le monde, il s'en faut.
PEPINELLI. Vous pouvez alors vous reposer quelques instants... la marquise me charge de vous dire qu'elle vous réserve une place à côté d'elle...
LE FRANCISCAIN, *faisant un pas pour sortir.* Je l'en remercie!.. (*Apercevant de loin le baron, qui lui tourne le dos.*) Quel est ce seigneur?..
PEPINELLI. Le baron de Torrida, un seigneur riche à millions.
FRA-BORROMEO. Il ne me semble pas lui avoir encore présenté ma petite requête...
PEPINELLI. Hâtez-vous alors... car il va partir... sa voiture est en bas...
FRA-BORROMEO, *à Pepinelli.* Très-bien..... mon frère .. veuillez dire à la marquise que je vais me rendre auprès d'elle... (*Pepinelli sort par la porte du fond et Fra-Borromeo descend le théâtre, s'avançant vers le baron.*)

SCÈNE XI.

FRA-BORROMEO, *à gauche du spectateur,* LE BARON, ANGELA.

ANGELA, *bas, à son père, qui tressaille.*
Qu'avez-vous donc?.. d'où vient ce trouble?
LE BARON, *à voix basse.*
Laisse-moi?
ANGELA, *le regardant.*
Vous m'effrayez...
LE BARON, *de même.*
Va-t'en?
ANGELA.
Je reste... je le doi!

(*Pendant ce temps Fra-Borromeo est descendu en saluant le baron.*)
FRA-BORROMEO, *reprenant le motif de l'air de la quête.*
Écoutez ma prière,
Donnez, donnez, mon frère!
(*Tendant sa bourse pendant que le baron fouille dans sa poche.*)
Le ciel vous le rendra...
(*Il lève les yeux.*)
Grand Dieu, Spada! Spada!.. c'est bien lui-... le voilà!
(*Angela pousse un cri perçant et tombe évanouie sur un fauteuil, à droite.*)
LE BARON, *tirant un pistolet de sa poche et menaçant Fra-Borromeo.*
Pas un cri, pas un geste!.. ou tu meurs à l'instant!
(*Le faisant reculer d'un pas à chaque phrase.*)
Oui, c'est moi qui naguère épargnai votre sang,
Moi dont vous venez d'immoler l'enfant...
FRA-BORROMEO.
Que la pitié vous gagne!
LE BARON, *le faisant toujours reculer vers la porte à gauche, et appelant.*
A moi!..
(*Geronio et trois domestiques sortent de la porte à gauche. Sur un geste du baron, ils s'emparent de Fra-Borromeo et l'entraînent.*)
Partez?.. à la montagne!

SCÈNE XII.

LE BARON, *s'approchant d'*ANGELA, *qui est toujours évanouie sur le fauteuil, à droite.*

AIR.

Grâce et pitié, ma fille bien-aimée!..
Reviens au jour! reviens à toi!
Ou que plutôt, ta paupière fermée
Ne se rouvre jamais sur moi!

Ah! tu sais enfin ma misère;
Et tu connais tout maintenant,
Tout, jusqu'à la honte d'un père
Qui rougit près de son enfant!

Grâce et pitié, ma fille bien-aimée!..
Reviens au jour! reviens à toi!..
Ou que plutôt, ta paupière fermée
Ne se rouvre jamais sur moi!
ANGELA, *revenant à elle.*
Où suis-je?..
(*Elle regarde autour d'elle, aperçoit le baron qui la regarde d'un air suppliant... elle pousse un cri et se jette dans ses bras!*)
Mon père! ah!
LE BARON, *rapidement et à voix basse.*)

RÉCIT.

Écoute-moi? rien n'est encor perdu!
Mon nom, qui fait ta honte, est encor inconnu!
Demain, et loin de toi, cachant ma destinée,
Je partirai! mais toi tu resteras!
Tu resteras, ma fille, et riche et fortunée,

Je ne te verrai plus, mais tu l'épouseras !
                    (*Se retournant vivement.*)
C'est lui !

SCÈNE XIII.
LE BARON, ANGELA, FEDERICI.
TRIO.

FEDERICI, *au baron.*
Je viens, incertain et tremblant,
Mais plein d'espoir encor, chercher votre réponse !
LE BARON, *regardant Angela avec émotion.*
De ma fille, à présent, Monsieur, elle dépend !
            (*Avec intention.*)
D'elle seule !.. qu'elle prononce !
FEDERICI, *avec joie.*
Est-il possible !
LE BARON.
Et lui cédant mes droits,
Je jure d'approuver et confirmer son choix !

ENSEMBLE.

ANGELA.
Entre mon époux et mon père,
M'obliger, hélas ! à choisir !
Ah ! ma douleur est trop amère,
Plutôt, mon Dieu, plutôt mourir !
LE BARON.
Hélas ! loin d'un coupable père,
Je le comprends, elle doit fuir !
        (*Montrant Federici.*)
C'est lui ! c'est lui qu'elle préfère,
Et moi, je n'ai plus qu'à mourir !
FEDERICI.
C'est d'elle seule, ô sort prospère,
Que dépend tout notre avenir !
En sa réponse moi, j'espère,
Mon cœur tressaille de plaisir !
ANGELA, *à Federici.*
Devant Dieu, l'arbitre suprême,
Qui nous voit et nous juge tous !
J'en fais serment... oui, je vous aime,
Et ne puis jamais être à vous !

ENSEMBLE.

(*Vivement et agitato.*)
LE BARON.
O mon Dieu ! que dit-elle,
O surprise nouvelle !
A la voix paternelle,
Immolant son bonheur,
Elle fuit et délaisse
L'objet de sa tendresse,
Et choisit la détresse,
L'opprobre et le malheur !
FEDERICI.
Ah ! grand Dieu, que dit-elle,
Insensée et cruelle,
A l'amour infidèle
Et déchirant mon cœur,
Elle rompt la promesse
Qui faisait mon ivresse,
Hélas ! et ne me laisse
Que rage et que douleur !
ANGELA.
O contrainte mortelle,
A l'amour infidèle,
Et malgré moi cruelle,
Je dois briser son cœur !
Adieu, rêves d'ivresse,
Je dois fuir sa tendresse
Et choisir la détresse,
L'opprobre et le malheur !
ANGELA, *à Federici.*
Oubliez-moi, l'honneur l'ordonne,
Et d'une autre soyez l'époux !
Loin de moi, qu'une autre vous donne
L'amour que je garde pour vous !
FEDERICI, *avec désespoir.*
Pourquoi ?.. pourquoi ?.. parlez, je vous prie !
ANGELA.
Ah ! pour le tourment de ma vie,
Je ne puis vous le dire, hélas !
FEDERICI, *avec colère.*
Pourquoi ?.. pourquoi ?..
ANGELA.
            Ne le demandez pas !

ENSEMBLE.

(*Très-animé.*)

LE BARON, *avec transport.*
C'est ma fille ! c'est elle !
Qui me reste fidèle !
A la voix paternelle,
Immolant son bonheur,
Elle fuit et délaisse
L'objet de sa tendresse,
Et choisit la détresse,
L'opprobre et le malheur !
FEDERICI, *avec colère.*
Insensée et cruelle,
A l'amour fidèle,
Une flamme nouvelle
A séduit votre cœur !
        (*La regardant, et à part.*)
Elle rompt sa promesse
Et dans mon cœur ne laisse,
Au lieu de ma tendresse,
Que vengeance et fureur !
ANGELA.
O contrainte cruelle,
A l'amour infidèle,
Et malgré moi cruelle,
Je dois briser son cœur !
Adieu, rêves d'ivresse,
Je dois fuir sa tendresse
Et choisir la détresse,
L'opprobre et le malheur !

SCÈNE XIV.

ANGELA, LE BARON, LE GOUVERNEUR, PEPINELLI ET PLUSIEURS SEIGNEURS, *entrant par le fond,* FEDERICI.

PEPINELLI, *entrant en causant avec le gouverneur.*
Et le révérend franciscain,
Qu'à table on attendait en vain,
Où donc est-il ?
         LE BARON, *froidement.*
              Après avoir pieusement
Reçu notre modeste offrande,
Il est parti!.. tant sa hâte était grande
De retourner à son couvent!
         LE GOUVERNEUR, *au baron.*
Parti? sans avoir rien découvert!..
         LE BARON.
                        Oui, vraiment,
C'était sûr!..

SCÈNE XV.

LES PRÉCÉDENTS, LA MARCHESA, *le reste des seigneurs et des dames qui sont entrés peu à peu pendant la scène précédente.*

FEDERICI, *apercevant la Marchesa et s'efforçant de prendre un air gai.*
              Ah! voici ma charmante cousine.
(*S'adressant à voix haute au gouverneur et avec émotion.*)
              Avec elle votre dessein,
Mon oncle, dès longtemps, fut d'unir mon destin!
         LE GOUVERNEUR, *à Federici.*
Que veux-tu dire?..
         LA MARCHESA.
              Oh! je le devine!
         FEDERICI.
Je veux, en sa présence et devant nos amis,
Réclamer le bonheur que vous m'avez promis!
         LA MARCHESA, *avec joie.*
Que mon cousin...
         PEPINELLI, *avec désespoir.*
              Ah! grands dieux!
         LE GOUVERNEUR, *bas, à Federici.*
                        Que dis-tu?
         FEDERICI, *regardant Angela.*
Cet hymen fait ma joie... et j'y suis résolu!..
(*Montrant la Marchesa.*)
Elle est ma fiancée et je veux dès demain
Recevoir d'une épouse et le cœur et la main!

ENSEMBLE.

FEDERICI.
Je veux, dans ma rage,
Que l'hymen m'engage,
Pour venger l'outrage
Fait à mes amours!
              (*Regardant Angela.*)
Maîtresse hautaine,
Orgueilleuse et vaine,
Je brise ma chaine,
Adieu pour toujours!
         PEPINELLI, *à part.*
Fatal mariage,
Dont mon cœur enrage!
Ah! vengeons l'outrage
Fait à mes amours!
              (*Regardant la Marchesa.*)
Maîtresse hautaine,
Inconstante et vaine,
Je brise ma chaine,
Adieu pour toujours!
         LE GOUVERNEUR.
J'ai craint d'un orage
Le sombre présage,
Mais après l'orage
Viennent les beaux jours!
Ma crainte était vaine,
L'amour le ramène
Et l'hymen l'enchaîne
Enfin pour toujours!
         LA MARCHESA.
De ce mariage
J'avais le présage,
Car après l'orage
Viennent les beaux jours!
A mes pieds sans peine
Un regard l'amène
Et l'hymen l'enchaîne
A moi pour toujours!
         CHŒUR.
Brillant mariage
Fortuné présage,
L'amour au jeune âge
Promet des beaux jours!
              (*Montrant Federici.*)
La beauté sans peine
Le séduit, l'entraîne,
Et l'hymen l'enchaîne
Enfin pour toujours!
         ANGELA.
Perfide et volage,
C'est moi qui l'outrage,
C'est moi qui l'engage
En d'autres amours!
Et doublant ma peine,
L'hymen qui m'enchaîne
Loin de lui m'entraîne!
Adieu pour toujours!
         LE BARON, *regardant Angela.*
O noble courage!
              (*Regardant Federici.*)
Fatal mariage,
              (*Regardant Angela.*)
Qui de son jeune âge
Flétrit les beaux jours!
Mais, brisant sa chaine,
Dieu, qui voit ma peine,

Vers moi la ramène...
A moi pour toujours!

ANGELA, *au baron.*

Partons, je vous suis, mon père!
Le reste ne m'est plus rien!
A vous seul ma vie entière!
Votre sort sera le mien!

ENSEMBLE.

FEDERICI.

Je veux, dans ma rage,
Que l'hymen m'engage,
Pour venger l'outrage
Fait à mes amours!
Maîtresse hautaine,
Orgueilleuse et vaine,
Je brise ma chaîne,
Adieu pour toujours!

PEPINELLI.

Fatal mariage,
Dont mon cœur enrage!
Ah! vengeons l'outrage
Fait à mes amours!
Maîtresse hautaine,
Inconstante et vaine,
Je brise ma chaîne,
Adieu pour toujours!

LE GOUVERNEUR.

J'ai craint d'un orage
Le sombre présage,
Mais après l'orage
Viennent les beaux jours!
Ma crainte était vaine,
L'amour le ramène
Et l'hymen l'enchaîne
Enfin pour toujours!

LA MARCHESA.

De ce mariage
J'avais le présage,
Car après l'orage
Viennent les beaux jours!
A mes pieds sans peine
Un regard l'amène
Et l'hymen l'enchaîne
A moi pour toujours!

ANGELA.

Perfide et volage,
C'est moi qui l'outrage,
C'est moi qui l'engage
En d'autres amours!
Et doublant ma peine,
L'hymen qui m'enchaîne
Loin de lui m'entraîne!
Adieu pour toujours!

LE BARON.

O noble courage,
Fatal mariage,
Qui de son jeune âge
Flétrit les beaux jours!
Mais, brisant sa chaîne,
Dieu, qui voit ma peine,
Vers moi la ramène...
A moi pour toujours!

LE CHŒUR.

Brillant mariage
Fortuné présage,
L'amour au jeune âge
Promet des beaux jours!
La beauté sans peine
Le séduit, l'entraîne,
Et l'hymen l'enchaîne
Enfin pour toujours!

(*Federici donne la main à la Marchesa. Angela pâle et tremblante s'appuie sur son père, qui l'entraîne et sort par le fond.*)

FIN DU DEUXIÈME ACTE.

ACTE TROISIÈME.

Un site sauvage: au fond, la montagne, et à l'horizon une route qui la traverse en serpentant; à droite, une chapelle qui s'élève sur des rochers; à gauche, l'entrée d'une grotte; au milieu de la forêt et parmi les rochers, différents groupes de bandits se sont formés. Ils viennent de se partager le butin de la veille; ils sont assis, boivent et mangent, à côté d'eux sont leurs carabines, au fond du théâtre, plusieurs femmes ont allumé un grand feu devant lequel elles apprêtent le repas; d'autres restent debout pour servir leurs maris ou leurs frères.

SCÈNE PREMIÈRE.

LE BARON DE TORRIDA, *même costume qu'au second acte, assis à gauche près d'un quartier de rocher et rêvant; à droite,* GERONIO, *son lieutenant, et un groupe de* BRIGANDS. *D'autres assis au milieu du théâtre.* HOMMES *et* FEMMES, *en costumes romains et napolitains.*

CHŒUR, *âpre et sauvage, mais joyeux et animé.*

De ces rochers, de ces forêts
Rois par l'audace et nos mousquets,
Partageons tout, gloire et bon vin,
Et les périls et le butin!

(*Trinquant ensemble.*)

Et buvons aux dragons romains
Qui doivent tomber sous nos mains!

(*Ils se lèvent, s'avancent avec le baron au bord du théâtre, appuyés sur leur carabine; le chœur prend alors un caractère plus sombre.*)

Malheur au traître
Qui fait connaître
Le nom du maître
Et notre sort!

ACTE III, SCÈNE I.

Dictant d'avance
Notre vengeance
Et sa sentence,
A lui la mort!
La mort!

(*Retournant s'asseoir à leur place, et reprenant gaiement.*)

De ces rochers, de ces forêts
Rois par l'audace et nos mousquets,
Partageons tout, gloire et bon vin,
Et les périls et le butin!
Et buvons aux dragons romains
Qui pourront tomber sous nos mains!

(*Les femmes des brigands, debout derrière eux, sort Angela, en costume remplissent leurs verres.*)

LE BARON, *tendant le sien.*

A boire!..

(*De la caverne, à gauche, et conduite par Geronio, des paysannes de la montagne.*)

O ciel! en croirais-je mes yeux?
Sous ces habits... ma fille dans ces lieux!

(*Se levant et l'amenant au bord du théâtre.*)

Toi, quitter mon palais?

ANGELA.

Je n'y pouvais plus vivre!
La fille de Spada, de son père doit suivre
Le destin et les pas!

(*Regardant autour d'elle.*)

Fille de ces montagnes,
Voici donc ma patrie...

(*Montrant les femmes.*)

Et voici mes compagnes!

(*Prenant un broc de vin des mains d'une des femmes qui l'entourent.*)

Buvez, mon père!

LE BARON, *se levant.*

Eh quoi! tu veux audacieuse...

ANGELA.

De votre vie aventureuse
Partager désormais les hasards incertains.
J'en connais les dangers!

(*Gaiement.*)

J'en connais les refrains!

(*Continuant.*)

PREMIER COUPLET.

Fille de la montagne,
Quel est ton amoureux?
A-t-il feutre d'Espagne
Et de beaux rubans bleus?
Non, son costume est sombre
Et c'est lorsque le soir
Etend au loin son ombre
Qu'il descend pour me voir!
Quand nous sommes ensemble,
Il rit et moi je tremble!

(*Vivement, et à demi-voix.*)

— Tais-toi, n'entends-tu pas
Les pas
Du dragon qui nous suit
La nuit!
Caché par ces cyprès
Epais,
Ami, tiens ton mousquet
Tout prêt!
— Bah! nous narguons
Les dragons!

ENSEMBLE.

CHŒUR.

Viva, viva la belle signora!
Notre amour partout la suivra,
Notre bras la protégera,
Viva, viva la belle signora!

ANGELA.

Tra, la, la, la, la, la,
La, la, la, la, la, la,
La, la, la, la, la, la,
Ah!

LE BARON.

Tais-toi tais-toi... quel trouble je sens là!

ANGELA.

DEUXIÈME COUPLET.

D'une riche dentelle
Hier, il m'a fait présent;
Car, pour me rendre belle,
Il donnerait son sang!
Même amour est le nôtre,
Et je préfère, ici,
Au bonheur près d'un autre,
Le malheur avec lui!
Nous voici donc ensemble,
Et cependant je tremble...
— Tais-toi! parle plus bas!
Tais-toi! n'entends-tu pas
Les pas
Du dragon qui nous suit
La nuit! etc., etc.

(*En ce moment, descend de la montagne du fond, un bandit, tenant à la main un paquet de lettres.*)

LE BARON, *faisant signe à sa fille de s'interrompre.*

Quelques instants, ma fille, daigne attendre.

LE BANDIT, *au baron.*

Des lettres que l'on vient de prendre
Sur un courrier qui passait près d'ici!

LE BARON, *le regardant.*

Eh! c'est notre ami Gianetti!

(*Se retournant vers les femmes.*)

De quelques pas, femmes, éloignez-vous!

(*Angela et toutes les femmes se retirent au fond du théâtre.*)

Compagnons, approchez-vous tous!

(*Tous les bandits appuyés sur leur carabine, forment un grand cercle au bord du théâtre. Au milieu de ce cercle, Gianetti est debout et le baron assis à droite près de la table.*)

LE BARON, *s'adressant à Gianetti, d'un ton grave et lent.*

Gianetti, tu nous as dénoncés et trahis!

GIANETTI, *hardiment.*
Ce n'est pas vrai !
LE BARON, *continuant de même.*
　　　Parjure et traître...
Au gouverneur, par un secret avis...
GIANETTI, *moins hardiment.*
Ce n'est pas vrai !
LE BARON.
　　　Tu fis, hier, connaître
Que j'irais à son bal!
GIANETTI, *tremblant.*
　　　Ah ! je l'atteste ici,
Ce n'est pas vrai !
LE BARON, *tirant un papier de sa poche.*
　　　La preuve, la voici.
Il la remet au brigand qui est près de lui, celui-ci à son voisin ; la lettre fait ainsi le tour du cercle pendant le chœur suivant.)

CHŒUR, *à demi-voix.*

Malheur au traître !
Qui fait connaître
Le nom du maître
Ou notre sort.
Dictant d'avance
Notre vengeance
Et sa sentence,
A lui la mort !
La mort !

(Une douzaine d'entre eux emmène par la gauche Gianetti, pâle et tremblant. En ce moment Angela paraît à droite près du baron, qui est toujours assis, il se retourne et l'aperçoit ; Angela, sans 'ui rien dire, étend vers lui ses mains suppliantes et semble lui demander grâce ; le baron se lève et dit à voix basse à Geronio en lui montrant Gianelli qu'on entraîne.)

Fais qu'il s'évade s'il se peut.
GERONIO, *étonné.*
Comment !
LE BARON.
Va !.. ma fille le veut.
(Angela porte la main de son père à ses lèvres, Geronio sort et le baron s'adressant à ses compagnons dit :)
Nous, amis... reprenons
Nos verres et nos chansons.

CHŒUR.

De ces rochers, de ces forêts
Rois par l'audace et nos mousquets,
Partageons tout, gloire et bon vin,
Et les périls et le butin !
Et buvons aux dragons romains
Qui pourront tomber sous nos mains !
LE BARON, *apercevant Angela qui, à l'écart, essuye une larme.*
Ah, mon Dieu! pauvre enfant, elle pleure... et frémit.
(S'adressant à Angela avec bonté.)
Je t'en prie à mon tour... Va-t'en.
ANGELA, *faisant le geste de rester.*
　　　Non, je l'ai dit !..

(Elle se remet à chanter.)
Tra, la, la, la, la...

CHŒUR.

Viva ! viva ! la belle signora !
Notre amour, partout, la suivra,
Notre bras la protégera.
Viva ! viva ! la belle signora !
(Reprenant gaiement.)
Tra, la, la, la, la, la,
La, la, la, la, la, la,
La, la, la, la, la, la,
Ah !

(Sur la ritournelle de ce morceau, le baron assigne aux brigands différents postes, et fait signe à tout le monde de se retirer.)

LE BARON, *retenant Geronio.* Le père Borromée, le franciscain que je vous ai envoyé hier soir a-t-il eu un bon souper, un bon lit ; a-t-il bien passé la nuit ?

GERONIO. Oui, capitaine.

LE BARON. Qu'aujourd'hui encore on le retienne prisonnier... et qu'on le traite avec égards et respect.

GERONIO. Le capitaine connaît nos principes.

LE BARON. C'est bien... Laisse-nous. *(Geronio sort.)*

SCÈNE II.

LE BARON, ANGELA.

LE BARON. Maintenant que nous sommes seuls, parlons raison. As-tu pensé que j'accepterais un pareil sacrifice ?..

ANGELA. Il le faudra bien !

LE BARON. Te garder dans ces lieux, toi que j'ai entourée de toutes les recherches du luxe et de l'opulence... toi enfin dont le bonheur est ma vie... car j'aimerais mieux mourir que de te savoir malheureuse... et je vois des larmes dans tes yeux...

ANGELA, *se hâtant de les essuyer.* Ce n'est pas vrai !.. ou plutôt ces larmes-là, ce n'est pas vous, mon père, qui les faites couler.

LE BARON. Et qui donc ?

ANGELA. Ne me le demandez pas.

LE BARON. Alors, c'est clair... c'est *lui !*

ANGELA. Oui, mon père.

LE BARON. J'en étais sûr... tu l'aimes donc toujours... *(Angela fait signe que oui.)* et tu y penses sans cesse... *(Même signe.)* Pauvre enfant !.. et moi aussi... je pense à lui... c'est-à-dire à toi... et voilà mon plan. Dès demain je renonce à l'existence que je mène... *(Angela le presse dans ses bras.)* puisse Dieu me pardonner le passé, et, pour prix de mon repentir, m'accorder ton bonheur... *(Gaiement.)* Et puis...

ANGELA. Et puis ?..

LE BARON. Le baron de Torrida s'en ira... loin... bien loin d'ici, n'importe en quel pays... de là, mon enfant, j'écrirai à M. le comte Federici, neveu du gouverneur, que les obstacles qui s'opposaient à mon consentement n'existent plus... qu'il vienne nous retrouver...

ANGELA. Que dites-vous?..

LE BARON. Il accourra sans hésiter... s'il t'aime...

ANGELA, *vivement*. Et s'il ne m'aime plus!

LE BARON. Laisse donc!.. le dépit et la jalousie n'ont jamais guéri de l'amour, au contraire... il t'aime deux fois plus.

ANGELA. Et quand il serait vrai, ce que je ne crois pas, aujourd'hui même, et dans son dépit, il épouse la Marchesa, sa cousine...

LE BARON. Pas encore...

ANGELA. Vous ne l'avez donc pas entendu, hier, au milieu de ce bal, le promettre formellement à elle et à son oncle! il s'y est engagé à haute voix et devant tout le monde.

LE BARON. Eh bien?

ANGELA. Eh bien, le comte Federici est un honnête homme, et après une promesse aussi solennelle, il ne saurait y manquer!

LE BARON, *souriant*. Je l'y aiderai!

ANGELA. Il n'y consentira sous aucun prétexte.

LE BARON. Excepté pour des raisons de force majeure.

ANGELA, *avec impatience*. Lesquelles?..

LE BARON. Cela me regarde!

ANGELA, *de même*. Lesquelles, de grâce?

LE BARON. Eh! mais le mariage doit se célébrer aujourd'hui à la villa du gouverneur, à trois lieues de Rome...

ANGELA, *avec crainte*. Vous croyez?..

LE BARON. A n'en pouvoir douter... et si par exemple on enlevait ce matin la mariée...

ANGELA. O ciel!

LE BARON. Avec tous les égards possibles... c'est l'ordre que j'ai donné... ainsi sois tranquille... le mariage n'aura pas lieu.

ANGELA, *avec inquiétude*. Aujourd'hui... mais plus tard... mais ailleurs... ils se retrouveront...

LE BARON, *secouant la tête*. Jamais.

ANGELA. Que voulez-vous dire!..

LE BARON. Cela me regarde... et dès qu'il s'agit de ton bonheur. (*Montrant les lettres que Gianetti lui a remises et qu'il a commencé à décacheter.*) Tu peux t'en rapporter à moi. (*On entend Pepinelli en dehors.*)

PEPINELLI. Mais, messieurs... les bandits... permettez, de grâce.

LE BARON. Une voix qui nous est connue...

ANGELA. Le capitaine Pepinelli.

LE BARON. Éloigne-toi... il faut qu'il ne te voie ni dans ces lieux, ni sous ce costume.

ANGELA. Mais vous, mon père...

LE BARON. Moi!.. c'est différent... (*Montrant ses habits.*) Je suis resté en tenue... je puis me montrer. (*Angela rentre dans le souterrain, à gauche.*)

SCÈNE III.

LE BARON, PEPINELLI, *amené, les yeux bandés, par* GERONIO ET PAR PLUSIEURS BRIGANDS.

PEPINELLI, *à qui l'on ôte son bandeau*. Eh bien! oui, c'est moi, le capitaine Pepinelli; tuez-moi si vous le voulez.

LE BARON. Ce serait dommage, et j'espère qu'on n'en fera rien.

PEPINELLI. Que vois-je?.. le baron de Torrida! prisonnier comme moi de ces..... de ces messieurs...

LE BARON. Eh! mon Dieu oui! Vous avez donc été ce matin à l'embuscade convenue...

PEPINELLI, *à demi-voix, au baron*. Vos renseignements étaient parfaitement exacts... il paraît qu'en effet Spada y est arrivé.

LE BARON, *avec bonhomie*. En même temps que moi!

PEPINELLI. Mais en force supérieure... et au lieu de le prendre... j'ai été pris!

LE BARON. Moi de même!

PEPINELLI. Amené ici...

LE BARON. Moi de même.

PEPINELLI. Les yeux bandés.

LE BARON. Moi, les yeux ouverts... ce qui prouve que l'on craint plus vos lumières que les miennes.

PEPINELLI. J'en ai peur! (*A voix basse.*) car ce monsieur qui nous observe... (*Montrant Geronio.*)

LE BARON. Geronio!.. le lieutenant de Spada!..

PEPINELLI. Vous le connaissez?

LE BARON. Comme vous! sous des rapports..

PEPINELLI. Inquiétants!.. Il m'a avoué qu'il avait ordre de fusiller tous les dragons...

LE BARON. Et vous qui êtes capitaine...

PEPINELLI. J'allais offrir ma démission, quand il a ajouté qu'il lui était permis de me faire grâce...

LE BARON. Et à moi aussi!

PEPINELLI. A une condition.

LE BARON. Moi de même!

PEPINELLI. Inouïe... absurde!

LE BARON. Moi de même.

PEPINELLI. C'est que je consentirais ce matin à me marier.

LE BARON. Et moi... à la condition que je servirais ce matin de témoin à un mariage...

PEPINELLI. En vérité!..

LE BARON. Au vôtre peut-être!..

PEPINELLI. C'est probable... Que dites-vous de cela?

LE BARON. Que j'ai accepté sur-le-champ!

PEPINELLI. Je crois bien!

LE BARON. Et vous?..

PEPINELLI. Moi... moi... vu qu'on me laisse le choix du supplice... je préfère, je crois...
LE BARON. Être fusillé ?..
PEPINELLI. Non.
LE BARON. Être marié ?..
PEPINELLI. Non !
LE BARON. Que voulez-vous donc donc ?
PEPINELLI. Rester garçon... parce qu'enfin cette femme, d'où vient-elle ?.. qui est-elle !
GERONIO. La voici.
PEPINELLI. O ciel! la Marchesa !..

SCÈNE IV.

LES PRÉCÉDENTS, LA MARCHESA, *en grande toilette de mariée.*

Air.

Je suffoque! je me meurs
De mes nerfs, de mes vapeurs!
M'enlever, c'est déloyal,
En costume nuptial!
Et dans le désordre extrême
De ce procédé brutal,
Ne pas vous accorder même
Le temps de se trouver mal!
(*Rarrangeant ses cheveux.*)
Ma coiffure contrariée
Cède aux coups des vents ennemis
Jusqu'au bouquet de mariée
Qui va se trouver compromis!
Et mes dentelles!.. et mes nœuds,
Dans quel état! ah ! c'est affreux!
Je suffoque !.. je me meurs
De mes nerfs, de mes vapeurs
M'enlever, c'est déloyal,
En costume nuptial !
Et dans le désordre extrême
De ce procédé brutal,
Ne pas vous accorder même
Le temps de se trouver mal!

(*Regardant à droite et à gauche et apercevant le baron et Pepinelli. Elle pousse un cri de joie.*)

Que vois-je ?.. est-ce bien vous que je retrouve ici ?
Vous, baron Torrida,.. seigneur Pepinelli
Mon Sigisbé !.. mon cavalier servant !..
Défendez-moi tous deux, qu'on m'emmène à l'instant
(*Montrant Geronio et les brigands.*)
Loin de tous ces messieurs !..
(*Regardant le geste du baron et de Pepinelli.*)
Comment !.. c'est impossible !..
Vous aussi !.. prisonniers !.. cela devient terrible !
Et pourquoi m'enlever ?.. répondez donc ?.. pourquoi ?
(*Regardant autour d'elle.*)
Que me veut-on ?.. qu'exige-t-on de moi ?
(*Le baron fait signe à Pepinelli de le lui dire. Celui-ci l'engage à s'en charger.*)
Vous vous taisez !.. ah ! je tremble d'effroi...

Parlez ?.. parlez ?..
(*Pepinelli après avoir hésité et encouragé par le baron, s'approche de la Marchesa, et lui dit, d'un air humble et soumis, quelques mots à l'oreille. La Marchesa l'écoute quelques instants, puis, pousse un cri.*)

ENSEMBLE.

LA MARCHESA.
Je suffoque! je me meurs
De mes nerfs! de mes vapeurs!
Manquer au nœud conjugal!
En costume nuptial!
Et dans le désordre extrême
De ce procédé brutal,
Ne pas vous accorder même
Le temps de se trouver mal!
GERONIO, *et les brigands.*
Marco l'ordonne !.. à son caprice,
Allons, il faut qu'on obéisse,
Qu'on se marie et devant tous,
Sinon la mort. Décidez-vous ?
PEPINELLI.
Et moi qui soupire
Depuis si longtemps
Mon tendre martyre
Et mes feux constants !
Aimable contrainte,
Nœuds doux et charmants
Formés par la crainte
Et par ces brigands !
LE BARON.
En vain il soupire,
Pauvre fiancé !
Son tendre martyre
Est récompensé !
Aimable contrainte,
Nœuds doux et charmants
Formés par la crainte
Et par des brigands !

LA MARCHESA, *au baron.* C'est absurde ! cela n'a pas de nom ! (*Montrant Pepinelli.*) Épouser Monsieur... quand ce matin même tout est disposé pour un autre mariage... quand le comte Federici, mon fiancé et mon cousin... m'attend à l'autel...

PEPINELLI, *d'un air soumis.* Vous comprenez bien, signora, que ce n'est pas moi qui le veux... c'est Spada.

LA MARCHESA. Mais où est-il, ce Spada ?.. ne peut-on lui parler... est-il donc invisible ?..

LE BARON. Non... car je l'ai vu...

LA MARCHESA. En vérité !

LE BARON, *à demi-voix.* Il prétend... c'est original, que ses gens viennent d'intercepter des lettres que vous renvoyiez le petit capitaine Sylvio-Frascolino.

LA MARCHESA. O ciel...

LE BARON. Il a même eu l'indiscrétion de m'en lire quelques-unes... des lettres délicieuses... (*Il* lui en montre une que la Marchesa saisit et qu'elle se hâte de déchirer.) Les autres surtout qui, adressées par lui, au comte Federici, votre cousin, auraient rompu le mariage, avec un éclat désagréable!..

LA MARCHESA, *troublée.* Vous croyez!..

LE BARON. Tandis qu'en épousant comme contrainte... ce qui vous rend intéressante... un jeune et beau capitaine... qui vous adore et qui, si vous refusez, va être fusillé...

GERONIO, *à ses gens.* Attention!

LA MARCHESA. O ciel!.. mais songez-y donc, baron, se marier ainsi...

GERONIO, *de même.* Garde à vous.

LA MARCHESA. Sans vous donner seulement le temps de se décider!..

GERONIO. Apprêtez armes...

PEPINELLI, *tremblant.* Signora, aurez-vous la cruauté... quand vous pouvez par un mot et par un mariage d'inclination...

GERONIO. En joue...

LA MARCHESA *vivement.* Voici ma main!

PEPINELLI, *de même.* Voici la mienne! (*Tous deux se tiennent en tremblant par la main.*) Nous voici d'accord, non sans peine. (*S'adressant à Geronio sur la ritournelle du morceau suivant.*) Mais où nous marier?

GERONIO. A la chapelle de la montagne!

PEPINELLI. Mais qui nous mariera?

GERONIO. Notre aumônier! le frère Borromée que vous connaissez! et que voici!

PEPINELLI. Ce Marco Spada pense à tout!..

SCÈNE V.

LES PRÉCÉDENTS, LE PÈRE BORROMÉE, BRIGANDS, *Hommes et Femmes.*

(*Le baron va au-devant de Fra-Borromeo et lui fait signe qu'il faut à l'instant même, unir Pepinelli et la Marchesa, ou qu'il y va pour eux de la tête. Borromée s'incline avec crainte.*)

MORCEAU D'ENSEMBLE.

BORROMÉE, *s'adressant à la Marchesa et à Pepinelli.*
Dans la sainte chapelle
Où l'hymen vous appelle,
Venez, couple fidèle,
Dieu recevra vos vœux!
Offrez-lui vos hommages,
De ces rochers sauvages
Qui, voisins des nuages,
Nous rapprochent des cieux!

(*S'adressant au baron et montrant la Marchesa et Pepinelli.*)
Pour les sauver, je cède, impie!

Mais Dieu s'apprête à te punir;
Puisse le ciel, que je supplie,
Ouvrir ton cœur au repentir!

CHOEUR.

Dans la sainte chapelle
Où l'hymen vous appelle,
Venez, couple fidèle, etc.

(*Le père Borromeo, la Marchesa, Pepinelli et une partie des brigands, hommes et femmes, gravissent la montagne, à droite.*)

LE BARON, *bas, à Geronio, sur le devant du théâtre.* La cérémonie terminée, tu feras monter les nouveaux époux, tous deux en tête-à-tête, en chaise de poste, et que l'amour les conduise!

GERONIO, *de même, à demi-voix.* Oui, capitaine. Mais en apprenant l'enlèvement de la marquise, le gouverneur et son neveu se sont élancés imprudemment à sa poursuite avec une faible escorte...

LE BARON. Tant mieux.

GERONIO. Mais un fort détachement de dragons s'avance de ce côté (*Montrant la gauche.*) pour le soutenir.

LE BARON. Tant pis!

GERONIO. On les voit, de loin, gravir lentement la montagne, guidés par ce Gianetti que votre bonté vient d'épargner.

LE BARON. Il suffit...

GERONIO, *avec colère.* Mais il connaît tous les passages secrets, par lesquels on peut nous attaquer avec avantage!

LE BARON. J'y cours!.. toi ne quitte pas ces ruines. (*Lui montrant la droite.*) et veille sur ma fille!.. (*Apercevant Angela, qui sort en ce moment de la caverne à gauche.*) à laquelle, en mon absence chacun ici doit obéir...

ANGELA. Où allez-vous donc?..

LE BARON, *gaiement.* Recevoir de mon mieux une visite qui nous arrive... (*Prenant Angela par la main.*) Quant à toi, regarde.

ANGELA, *regardant à droite.* O ciel... le père Borromeo...

LE BARON, *de même.* Qui bénit l'union du capitaine Pepinelli.

ANGELA, *de même.* Avec la marquise.

LE BARON. Que t'avais-je promis? plus de rivale à craindre...

ANGELA, *vivement.* Et demain nous partons?..

LE BARON. Oui, demain une existence nouvelle.

ANGELA. Plus de dangers pour vous!

LE BARON. Et le bonheur pour ma fille. Adieu! adieu, mon enfant. (*Il l'embrasse sur le front et s'éloigne par la montagne du fond. Geronio par la droite; la musique religieuse qui s'est fait entendre pendant tout le dialogue précédent cesse et la ritournelle de l'air suivant lui succède.*)

SCÈNE VI.

ANGELA, seule.

RÉCITATIF.

Le bonheur de ma fille, a-t-il dit! ô mon père!
L'amour ne t'abuse-t-il pas?
Où veux-tu me cacher d'une main tutélaire,
L'abîme entr'ouvert sous nos pas!

AIR.

Vainement l'espérance
Vient sourire à mon cœur;
Je n'ose, en ma souffrance,
Croire encore au bonheur...
O doux avenir
Dont tressaille mon âme!
O rêve heureux que l'amour vient m'offrir!
Lui me nommer sa femme!
Et m'aimer sans rougir!..
Vainement l'espérance, etc.

(*On entend dans le lointain le son du tambour, puis celui du clairon, pianissimo d'abord et puis crescendo; ce qui fait l'accompagnement de la cavatine suivante.*)

CAVATINE.

O nouvelles alarmes!
Du fond de ces vallons,
J'entends le bruit des armes
Et le son des clairons!
Ah! je tremble d'avance,
Hélas! et dans mon cœur,
Je sens à l'espérance
Succéder la terreur!
Dieu n'a-t-il pas fait grâce
Au vœu par toi formé?
Quel danger te menace?
Mon père bien-aimé!
(*Écoutant de nouveau.*)
O mortelles alarmes!
Du fond de ces vallons
J'entends le bruit des armes
Et le son des clairons!
Ah! je tremble d'avance,
Hélas! et dans mon cœur,
Je sens à l'espérance
Succéder la terreur!

(*Le bruit redouble, le cliquetis des armes et des cris se font entendre.*)

A ces cris de vengeance,
De carnage et d'horreur,
Je sens battre mon cœur
De trouble et de terreur!

(*Elle s'élance, gravit la montagne, à gauche, et disparaît au moment où entrant par la droite, le gouverneur et Federici désarmés sont traînés sur le théâtre par Geronio et un groupe de bandits.*)

SCÈNE VII.

FINAL.
ENSEMBLE.

GERONIO ET LES BANDITS.

Enfin, ils sont à nous,
Dieu les livre à nos coups!
Notre juste courroux
Doit les immoler tous!
La vengeance à nos bras
Ordonne leur trépas!
Oui, dans leur sang, vengeons,
Vengeons nos compagnons!
Enfin, ils sont à nous!
Dieu les livre à nos coups!
Notre juste courroux
Doit les immoler tous,
Tous!

LE GOUVERNEUR ET FEDERICI.

Moi! trembler devant vous
Et redouter vos coups!
Je ris d'un tel courroux
Et je vous brave tous!
Si le sort n'avait pas
Désarmé notre bras,
Déjà, nous vous aurions
Joints à vos compagnons!
Mais trembler devant vous
Et redouter vos coups!
Je ris d'un tel courroux
Et je vous brave tous,
Tous!

(*A la fin de cet ensemble, Geronio et les brigands, qui sont à droite, ont couché en joue le gouverneur et Federici, placés à gauche. Angela qui redescend en ce moment de la montagne, à gauche, pousse un cri d'effroi et s'élance au-devant des mousquets des bandits.*)

SCÈNE VIII.

LES PRÉCÉDENTS, ANGELA.

ANGELA. Arrêtez! (*Geronio et les bandits relèvent leurs carabines.*)

ENSEMBLE.

(*A demi-voix et par opposition au chœur précédent, qui est bruyant et terrible.*)

FEDERICI ET LE GOUVERNEUR.

Ah! je n'y puis croire encor,
Et sous ce costume étrange
Est-ce bien elle? est-ce un ange
Qui nous arrache à la mort!

ANGELA, *aux bandits.*

Seule arbitre de leur sort,
Je n'entends pas qu'on se venge,
Et c'est moi, moi leur bon ange,
Qui les arrache à la mort!

GERONIO ET LES BRIGANDS.

Les arracher à la mort,
Empêcher que l'on se venge,
C'est une injustice étrange!
A nous appartient leur sort!

GERONIO, *montrant Federici et le gouverneur.*

A nous leur sang!

ANGELA.
A moi, leur grâce !
Ou vous me tuerez avec eux...
Qui de vous aura cette audace ?
(*Elle s'avance vers Geronio, qui vient de tirer un poignard et qui le laisse tomber devant elle.*)
Partez !.. je le veux... je le veux !

ENSEMBLE.

FEDERICI ET LE GOUVERNEUR.
Ah ! je n'y puis croire encor,
Et sous ce costume étrange
Est-ce bien elle ? est-ce un ange
Qui nous arrache à la mort !
ANGELA.
Seule arbitre de leur sort!
Je n'entends pas qu'on se venge,
Partez! c'est moi leur bon ange
Qui les arrache à la mort!
GERONIO ET LES BRIGANDS, *murmurant entre eux.*
Les arracher à la mort,
Empêcher que l'on se venge,
C'est une injustice étrange!
A nous appartient leur sort!

(*A la fin de cet ensemble, Geronio et les brigands se retirent lentement et en menaçant. Une fois ou deux, ils reviennent sur leurs pas, mais sur un geste d'Angela ils s'éloignent et disparaissent.*)

SCÈNE IX.

LE GOUVERNEUR, ANGELA, FEDERICI.

(*Sur la ritournelle du morceau précédent, le gouverneur et Federici regardent Angela avec étonnement, puis ils s'approchent d'elle tous les deux.*

ROMANCE.

PREMIER COUPLET.

FEDERICI, *à Angela.*
Quelle fée inconnue
D'un tel danger m'a préservé?
ANGELA, *à part.*
Il est sauvé,
Mais moi je suis perdue!
FEDERICI.
Par quels charmes, quels talismans,
Avez-vous dompté ces brigands ?
ANGELA.
Ah ! si j'ai pu vous soustraire au trépas,
Eloignez-vous... ne m'interrogez pas!
LE GOUVERNEUR, *à part.*
Eh quoi ! soudain, et sa voix et sa vue,
De ces brigands ont désarmé le bras !

DEUXIÈME COUPLET.

Mais plus que nous ému,
Pourquoi ces larmes dans vos yeux ?
ANGELA, *à part.*
Qu'ils soient heureux,
Pour moi je suis perdue!

FEDERICI.
Pour désarmer ces furieux
Quel pouvoir avez-vous sur eux ?
ANGELA, *avec émotion.*
Ah ! si j'ai pu vous soustraire au trépas,
Eloignez-vous... ne m'interrogez pas!
(*Elle cache sa tête dans ses mains.*)
FEDERICI. Non, je ne m'éloignerai pas... je ne vous quitterai pas ainsi .. vous à qui je dois tout... vous que je ne puis oublier... car malgré mes serments et ce mariage où je me suis engagé...

SCÈNE X.

LE GOUVERNEUR ET FEDERICI, *à gauche.* PEPINELLI ET LA MARCHESA, *descendant par le fond,* ANGELA, *à droite.*

PEPINELLI, *donnant le bras à la Marchesa, qui s'appuie sur lui.* Impossible à la voiture de descendre... Ce postillon, qui refuse d'avancer.
LA MARCHESA. Il a raison... on se bat dans la montagne et de tous les côtés...
PEPINELLI. Quel plaisir ! un jour de noce...c'est à dégoûter du bonheur... (*Tout en parlant, ils sont descendus au milieu du théâtre, près du gouverneur et de Federici, qui les regardent avec étonnement.*)
LE GOUVERNEUR ET FEDERICI. O ciel!
PEPINELLI, *à la Marchesa.* Votre oncle!..
LA MARCHESA, *apercevant Federici.* Mon prétendu!
LE GOUVERNEUR. Qu'ais-je vu?
PEPINELLI. Deux nouveaux mariés...
LA MARCHESA, *vivement.* Malgré nous, par autorité supérieure !
PEPINELLI. Le mariage !.. ou la vie!
FEDERICI. Vous !.. mariés !.. quel bonheur!
LA MARCHESA, *avec reproche.* Comment, quel bonheur !..
FEDERICI. Pardon !.. Signora je voulais dire que je suis désolé...
(*La ritournelle du morceau suivant se fait entendre dans le lointain.*)
LE GOUVERNEUR. Ecoutez... écoutez... des cris de victoire.
PEPINELLI. Oui ! mais quels sont les vainqueurs ? (*En ce moment de tous les côtés entrent sur le théâtre des dragons victorieux, traînant des brigands prisonniers ou blessés.*)

SCÈNE XI.

CHOEUR.
Victoire à nous ! victoire ! victoire !
Le ciel s'est déclaré pour nous,
Et rien ne manque à notre gloire,
Leur chef lui-même est tombé sous nos coups !

TROIS DRAGONS.

Frappé par nous d'un coup mortel,
Et tout sanglant on l'amène...

(Angela, prête à s'évanouir, est soutenue par Federici.)

SCÈNE XII.

LES PRÉCÉDENTS, SPADA, amené blessé, soutenu par des dragons. GERONIO, blessé, est à côté de lui.

ANGELA, *pousse un cri de douleur et court se jeter à genoux près de Spada qui vient de tomber sur un siège qu'on a avancé derrière lui. En ce moment frère Borromée s'avance et vient se placer debout près de Spada.*

Mon père!..

TOUS.

Son père! ô ciel!

(*Spada est couché sur une espèce de brancard, au milieu du théâtre. Angela est à genoux, à gauche, Geronio à genoux à droite près de lui, les dragons romains l'entourent. (Voir le tableau d'Horace Vernet : la Confession d'un bandit.) A gauche du théâtre, le gouverneur et Federici; debout, à droite, la Marchesa et Pepinelli; au fond, et différemment groupés, des dragons, des seigneurs de la suite du gouverneur, bandits, hommes et femmes.*)

ENSEMBLE.

LE GOUVERNEUR, PEPINELLI, LA MARCHESA ET LE CHOEUR.

O sinistre lumière
Qui vient frapper nos yeux,
Quoi! c'était là son père,
Qu'ils soient maudits tous deux!

SPADA.

O mon bonheur sur terre,
Mes seuls, mes derniers vœux,
Qu'une main aussi chère
Vienne fermer mes yeux!

ANGELA.

Je viens à toi, mon père,
Proscrit et malheureux,
Que ma main, qui t'est chère,
Puisse fermer tes yeux!

FEDERICI.

O sinistre lumière
Qui vient frapper mes yeux
Eh quoi! c'est là son père...

(*Avec douleur.*)

Que faire, malheureux!

FEDERICI, *s'approchant d'Angela et à voix basse.*

Oui, nos lois l'ont proscrit,.. mais toi!..
Toi, tu n'es pas coupable et tu seras à moi!

SPADA, *qui l'entend, relève sa tête et dit, à part, avec émotion.*

Ah! c'est un noble cœur!..

(*A Angela, avec force.*)

Et tu l'épouseras!

ANGELA, *à voix haute.*

Moi, jamais!.. plutôt le trépas!

LE GOUVERNEUR, *à Federici.*

Elle a raison, un tel hymen, c'est l'infamie!

(*Angela pousse un cri et cache sa tête dans le sein de Spada.*)

SPADA, *à part, et la regardant.*

Voilà donc, après moi, le destin qui l'attend!
Non, même après ma mort, ô ma fille chérie,
Je veux te protéger, comme de mon vivant!

(*A voix haute et rassemblant ses forces.*)

A mon heure dernière, ici... oui, je le dois....
Un grand secret me pèse... amis, soutenez-moi...

(*A part, avec crainte et se mettant à genoux au bord du théâtre.*)

Prêt à paraître en ta présence,
Oser trahir la vérité,
O mon Dieu, c'est un crime immense,
Mais moins encor que ta bonté.

(*Se relevant soutenu par Geronio, il continue à voix haute.*)

Avant que mon heure ne vienne,
Approchez... devant Dieu,
Devant vous tous... je veux... faire un aveu...

(*Montrant Angela.*)

Sur cet enfant... que chacun... croit la mienne !

FEDERICI, *vivement, et avec joie.*

Ne l'est-elle donc pas?

SPADA, *fait signe que non, et puis il dit à part et avec force.*

Et pourtant!
C'est bien ma fille, à moi! c'est ma chair et mon sang!

FRÈRE BORROMÉE, *avec force.*

Réponds, et songe bien que devant Dieu lui-même
Tu vas paraître dans l'instant!

TOUS, *répétant ces dernières paroles.*

Tu vas paraître dans l'instant!

SPADA.

Je le sais!

FRÈRE BORROMÉE, *de même.*

Songe bien que dans un tel moment
Un mensonge, c'est l'anathème!

TOUS, *entourant Spada.*

Un mensonge, c'est l'anathème!

SPADA.

Je le sais!

FRÈRE BORROMÉE.

Songe enfin qu'il n'est point de pardon,
Et qu'il y va de ton âme!..

TOUS, *de même.*

Il y va de ton âme!

SPADA, *à part.*

Eh bien donc?
Mon âme pour ma fille!..

(*A voix haute.*)

Écoutez tous... je jure...
Devant vous...

FRÈRE BORROMÉE, *avec force.*

Devant Dieu qui punit l'imposture!

SPADA, *avec intention et regardant sa fille.*

Devant Dieu qui m'entend et qui lit dans mon cœur...

Je jure qu'autrefois... un noble... un grand seigneur,
(Ranimant ses forces.)
Le duc San-Germano... lui... toute sa famille...
Furent par nous..., en ces lieux..., massacrés..
(Montrant Angela.)
Elle exceptée...
(Avec effort.)
Elle est sa fille!

TOUS, *poussant un cri et s'éloignant de Spada.*
Ah!
GERONIO, *qui pendant ce temps se trouve seul à genoux près de Spada, lui dit à voix basse :*
Ce n'est pas!
SPADA, *vivement.*
Tais-toi?
LE GOUVERNEUR ET FRÈRE BORROMÉE, *à Spada.*
Vous le jurez?
SPADA, *levant sa main défaillante.*
Oui!
LE GOUVERNEUR, *mettant la main d'Angela dans celle de Federici.*
Que vos nœuds par moi soient consacrés!

SPADA, *avec un éclair de joie.*
Ils sont unis!
(À part.)
Ah! le bonheur pour elle!..
Et pour moi...
GERONIO, *à genoux près de lui, et à voix basse.*
La perte éternelle!
SPADA, *se relevant et levant les yeux au ciel avec espoir.*
Non, non, il est un Dieu clément et tutélaire,
Dieu, notre père à tous... et ce crime d'un père
Aura grâce à ses yeux!..
ANGELA, *courant près de lui.*
O comble de douleurs!
SPADA, *étendant les bras vers elle.*
Adieu, ma fil...
(Se reprenant avec force.)
Non.. duchesse!..
(Laissant tomber ses bras.
Je me meurs!
(Cri général.)
Ah!..
(Angela tombe évanouie entre les bras de Federici, qui la soutient. Geronio se jette à genoux près de Spada. La toile tombe.)

FIN.

Lagny. — Imprimerie de Vialat et Cie.

www.ingramcontent.com/pod-product-compliance
Lightning Source LLC
Chambersburg PA
CBHW060613050426
42451CB00012B/2238